제왕나비를 아십니까?

김미지 • 김연창

홍 익 출 판 사

김미지의 마중물

초등학교 3학년 때 눈이 허리까지 오는 그 산속 마을에 엄마, 아빠 상민이와 같이 손잡고 낑낑대며 들어갔던 게 기억이 난다. 대구와 다르게 함양이란 곳은 다른 세계를 안겨주었기에 어린 나에게는 천국과도 같은 곳이었다. 정말 좋았던 것은 겨울마다 가는 썰매장 갔을 때 한 시간 기다리고 겨우 한번 탈수 있는 썰매를 집 앞에서 실컷 타본 것과 마당에 조금씩 기르는 푸성귀도 맛있게 먹을 수 있고 아파트에서 키우지 못한 귀여운 강아지도 기를 수 있었기 때문이다. 그 중 가장 좋았던 것은 대구에서는 맞벌이 때문에 늘 집을 비우던 엄마, 아빠가 항상 집에 있어 가족끼리 같이 밥을 먹을 수 있고, 대구와 다르게 밤이면 너무 조용했고 주위에는 항상 색다르게 재밌는 것들이 넘쳐났기 때문이다. 물론 힘든 점도 너무 많았다. 전교생 50명쯤 되는 초등학교에서 읍내에 있는 중학교를 다니고 친구와 경쟁하며 치열하게 공부만 했다는 것이 너무 괴로웠다. 그리고 지금은 태봉고등학교라는 대안학교를 다니고 졸업을 막바지에 두고 있다. 19년간 내가 어떻게 크고 생각하며 자라왔는지 뿌듯하기도 하면서 참 대견하다.

제목처럼 제왕나비는 마치 우리들과 같았다. 아니 같아야 한다. 힘든 과정의 끝의 맛을 모르는 우리에게 나비라는 비유는 딱 들어맞았기 때문이다. 누가 시키지도 않고 강요하지도 않음에도 불구하고 날짜와 날씨를 맞추어 목적지까지 도착하는 나비에게는 과연 무엇을 가지고 있을까? 반면에 너무 많은 것을 가지고 있는 우리는 지금 무엇을 하고 있는 것일까?

지금 다시 한 번 곰곰이 생각해볼 필요가 있을 것 같다. 근본적인 문제부터 차근차근 함께 생각해보며 평화롭고 행복한 삶을 살 수 있도록 인도해보자.

이 책은 나의 19년 삶의 모든 것이 담겨 있다. 부족하지만 함께 읽음으로써 함께 공감하고 함께 더 나은 세상을 살 수 있도록 함께 한걸음 내딛을 수 있으면 좋겠다. 지금 지쳐있는 청소년들과 더 없이 따뜻한 이들이게 전해졌으면 좋겠다. 그리도 더불어 19년을 함께 해온 모든 이들에게 감사함을 표현하고 싶다. 모두가 행복해지는 그 날이 되기까지….

낭랑 미지의 마지막 십대를 보내며….

김연창의 마중물

2002년 월드컵 광풍처럼 휩쓸고 간 축구 4강 여운이 채 가시지 않은 가을에 귀농을 감행했습니다. 중학교 1학년 때 장래희망 조사 때 60명 되는 반에서 유일하게 '농장주'에 손을 들었지요. 지나고 보니 데자뷰처럼 익숙한 상황이더군요. 유년의 희망은 마치 예언처럼 맞아 떨어져 어느 절대자가 나를 산골로 인도했습니다.

귀농의 도화선은 '녹색대학'이었습니다. 우리나라 최초의 대안대학을 만드는데 일조하기 위해서 함양으로 왔습니다. 하지만 그것은 귀농 사유 가운데 사소한 일부분이었습니다. 나를 고민하게 만든 것 가운데 가장 큰 부분은 교육이었습니다. 어쩌다 사교육(논술, 글쓰기 학원)을 하면서 우리 교육의 병폐를 실감했습니다.

내 아이를 이런 데서, 이렇게 키울 수 없다는 결론을 얻었습니다. 그러다 녹색대학이란 계기를 통해서 귀농을 실행을 하게 된 것입니다. 미지는 초등학교 3학년에 전학을 왔고, 동생 상민이는 여기서 초등학교 입학을 하였습니다.

제가 어릴 적 겪어 왔던 시골생활과 교육환경이 생각과 차이가 많았지만 그럼에도 도시보다는 좋았습니다. 우선 도시처럼 아이들끼리 살벌한 경쟁이 덜 하고, 깨끗한 자연환경 속에서 살아가는데 만족했습니다.

'교육은 가정에서 하는 것이다'란 신념이 있습니다. 특히 인성교육은 가정교육이 절대적이라 생각합니다. 이제껏 아이들에게 한 번도 하지 않은 말은 '공부하라'고 가장 많이 한 말은 '알아서 판단하라'입니다. 믿고 맡기고 기다려야 한다는 게 교육신념입니다.

제목 '제왕나비를 아십니까?'는 본문의 내용 중에도 있습니다만, 미물 같은 나비도 자기 길을 스스로 찾아 수만 리를 날아갑니다. 하물며 인간의 아이들인데 어른들이 조급하여 이것저것 과도하게 간섭함으로써 불행한 삶을 살게 하는 게 아닌지 의심해 봅니다.

미지가 고등학교를 졸업하는 이 시점에서 저의 교육철학이 옳았다는 것을 느낍니다. 미지는 스펀지 같은 성질을 가진 아이입니다. 누구에게 듣고 본 것들을 훌륭히 받아들여 자기 것으로 만듭니다. 특히 저와 많은 대화를 나누며 많은 것을 받아들였습니다.

지금 시점에서 저는 미지가 이름을 떨치는 사람이 되거나 훌륭한 작가가 된다는 확신은 없습니다. 하지만 한 가지 분명하고, 자신 있게 할 수 있는 말은 미지는 앞으로 어떤 일을 하던 행복하게 살 것입니다.

미지가 이제껏 삶, 특히 태봉에서 삶을 정리하는 시점에 함께 고민하고 노력한 아빠로서 그 동안 써 놓은 글 가운데 생태적 삶과 교육에 관한 것들을 추려서 함께 올립니다.

모두 황금 같은 나날 되시길 바라며….

2012년 김미지 졸업을 축하하며….

차례

김미지

『시』

김연창

『시』

추천의 글

제왕나비를 아십니까?

김 미 지

내 인생의 결정적인 순간

나의 중학교 시절은 그다지 흥미롭지 않았다. 시간 흐르는 대로 따라갔을 뿐이다. 백전초등학교를 졸업했는데 중학교는 여중뿐이어서 나 혼자 입학하게 되었다. 누구도 나에게 선택의 길을 묻지도 않았고 심지어 부모님마저 내가 읍내여중 가는 것이 당연하다고 생각하신 줄 알았고 이 모든 것이 나라에서 정해준 의무인 줄 알았다. 그래서 입으라는 교복을 입고, 하라는 공부도 열심히 해서 친구들을 제치고 등수를 올리는 것이 내 삼 년 동안 일상이 돼 버렸다. 그래서 그런지 딱히 추억도 없고 나는 기억마저 좋지 않은 기억뿐이었다. 중학교 1학년은 아무 것도 모른 채 지나갔다. 왜냐고? 중학교 2학년부터 고등학교 성적이 반영되었기 때문이다. 함양에는 인문계고등학교가 한 개 뿐이었다. 물론 한 개 더 있었지만 읍에서 멀었다. 그러니 그 한 개의 인문계를 가기 위해 내신 45~50%정도는 되어야 했고 저 내신 안에 들어가려면 적어도 평균이 90점 이상이 되어야 안심이 되었다. 나머지 친구들은 실업계를 갈 수 밖에 없는 것이었다. 물론 다른 지역에 가면 대부분 인문계를 진학하기에 신기해 보일 수 있지만 우리는 정말 치열했다. 그래서 중학교 1학년은 맛보기였기에 학원도 다니지 않고 집도 일찍 와 가족들이랑 밥 먹은 기억이 많다. 하지만 2학년 진학 후 모든 것이 달라졌다. 제일 처음 바뀐 것이 아이들의 눈빛과 행동이었다. 웃으면서도 서로 경계하고 문제

집이나 필기한 교과서는 사물함에 넣어 자물쇠를 잠가 다녔다. "이제부터 시작이다. 정신 딱 차려라." 라고 나에게 말했던 친구의 말이 섬뜩해졌다. 나도 친구들과 똑같이 성적 올리려고 과외, 학원을 수없이 옮기고 유명하다 싶은 곳이 있으면 바로 친구끼리 몰려 학원을 다니고 유료 인터넷 강의, 좋은 문제집 등 정말 별짓을 다했다. 이렇게 해도 성적은 항상 중간쯤에 머물렀다. 가끔씩 등수가 훌쩍 올라 갈 때면 집 가는 발걸음이 깃털 같았다. 하지만 나로 인해 등수가 내려간 친구는 생각해 줄 수 없었다. 아니 생각조차 나지 않았다. 그때는 나만 잘하면 됐기 때문이다. 내 등수로 인해 엄마는 실망하고 기뻐했다. 하지만 아빠는 아무 말씀도 하지 않으셨다. 처음에는 이런 아빠의 행동을 이해하지 못했다. 아침 일찍 학교를 등교하고 밤늦게 집에 와서 대화할 시간이 전혀 없었기에 어색한데다가 나에게 관심이 없는 줄 알았다. 근데 아빠는 항상 나를 믿고 하루도 빠짐없이 내 생각을 하시고 계셨던 것이다. 중학교 1학년 힘든 시간이 있을 때 대안학교 전학과 홈스쿨링 등 여러 방법을 고민해보았지만 그때의 부모님 사정은 좋지 않았고 하고 있는 친환경 양계업도 잘 되지 않아 나에게만 신경을 퍼붓는 것은 매우 힘들었다. 아주 가끔 시간 날 때, 밥상머리 붙잡고 좋은 이야기를 해주시면 한 귀로 듣고 한 귀로 버렸다. 아빠의 말씀보다 선생님 말씀이 더 중요하고 공부해야했기에 시간이 너무 아까웠다. 이렇게 아빠는 계속 묵묵히 나를 지켜보며 믿고 이야기를 하며 들어주시고 계셨다. 그리고 엄마는 성적으로 혼을 낼 때면 미웠지만 함양여중을 진학한 이상 내 미래와 내 꿈을 위해서는 공부를 해야 한다는 현실을 끊임없이 알려주셨다.

나의 중학교 시절은 어른들의 말을 들으며 공부도 열심히 하고 소위 말하는 나쁜 짓도 하지 않았다. 잠깐의 탈피라 하면 교복이 입기 싫어 등교 후에는 체육복으로 갈아입는 것과 가끔 듣기 싫은 학원수업이 있으면 결석하는 것뿐이었다. 이렇게 삼 년은 허무하고 한심하게 흘러 보내고 고등학교 진학 문제가 앞으로 다가왔다. 내 성적은 턱걸이였고 이대로 인문계에 가면 꼴찌 할 게 분명했다. 이 때 중학교 담임선생님께서 태봉고등학교라는 팸플릿을 들고 오셨고 "여기는 아무도 안 갈 것 같아. 버릴게~." 하면서 찢어서 쓰레기통에 버렸다. 진학 문제로 한참 고민하고 있던 나에게 저것이 희망일 수 있다는 생각에 다시 주워 전화번호를 바로 확인하고 종이 틈사이로 보이는 학교 모습과 교육철학에 반해버려 다시 공문을 받으러 선생님께 찾아갔지만 그때부터 문제가 시작되었다. 대안학교라는 이유로 선생님의 반대는 심했고 선생님 추천서가 필요했는데 그것을 받기까지 너무 힘들었다. 솔직히 말하지만 찢어진 팸플릿을 보자마자 태봉고 갈 것이라는 마음이 확고했기에 누가 머래도 갔을 것이다. 이때 아빠의 응원에 힘입어 입학설명회를 가고 1차로 자기소개서를 써서 단번에 합격하고 2차로 논술시험과 학부모, 학생 면접을 봤다. 그 당시 나는 태봉고등학교가 아니면 갈 곳도 없었고 면접을 보고 난 후는 붙어서 입학 준비를 하는 내 모습을 상상하며 웃으며 집에 갔다. 결과를 기다리는 동안은 정말 설레서 미칠 뻔했다. 떨어진 내 모습은 전혀 생각하지도 않고 결과보다는 입학을 기다리고 있었다. 이와 같이 나는 태봉고등학교를 미칠 정도로 오고 싶었다. 그리고 교실의 커다란 텔레비전 안에 작게 적혀있는 내 이름을 본 그 순간을 잊을 수가 없다. 친구들이 다 같이 축하해주며 믿을 수가 없었다. 마치 번데기가 나비가 된 것처럼 숨을 크게 쉴 수 있었고 그때서야 웃을 수 있었다. 나에게 고등학교 진학은 결정적인 순간이 되었고 나의 새로운 삶이 시작되었다.

조금 다른 배움

우리 학교 교육철학 중 가장 특별한 것은 LTI라고 할 수 있다. 내가 태봉고에 오려고 한 이유 중 하나가 LTI이기도 하다. 'learning through internship'의 약자로 인턴쉽을 통한 배움이란 뜻이다. 일주

일에 두 번 총 6시간을 LTI를 통해 배운다. 예전의 학교는 교육의 장소였다. 학생들은 학교를 통해 지식뿐만 아니라 사람으로서 반드시 알아야 할 가치들에 대해서도 배웠다. 하지만 언젠가부터 학교는 진정한 교육의 장소가 아닌 대입을 위한, 취업을 위한 예비학교로 전락해버리고, 입시에 휘둘리게 되면서 우리는 서서히 사람으로서 배워야 할 가치들을 배우지 못하게 되었다. 최근 청소년 범죄율(학교폭력, 성범죄)이 오른 것도 이러한 교육제도에 치여서이기도 한다. 살기에도 급급한 청소년들에게 꿈이란 찾기가 힘들다. 서로 경쟁하기에 바빠 우리의 꿈이 뭔지조차 모르는 친구들이 대부분이고 자신의 꿈에 대해 알지도 못하고 그것을 이루기 위해서는 공부만 해야되는 줄만 알고 미친 듯이 공부만 하는 친구들이 많기 때문이다. 이러한 청소년들의 꿈을 함께 찾고 꿈이 있는 친구들은 그 꿈을 위해 학교가 아닌 밖에서 자신에게 맞는 멘토 선생님을 스스로 찾아 함께 배워가는 수업이다. 어떻게 보면 직업체험이라고도 말할 수 있는데 우리는 직업체험에서 그치는 것이 아니라 대인들과의 관계, 태도 등 여러 가지를 배울 수 있기에 LTI는 지금 청소년에게 꼭 필요한 수업이 아닐까 싶다.

입학 했을 때는 적응하기에 너무 바빴다. 처음 6개월은 LTI의 중요성도 모르고 꿈은 있었으나 어떻게 해야 될지도 모르고 막상 시작하려니 두려웠다. 내 꿈은 특수 아동 교사였다. 이에 맞는 멘토 선생님을 찾는 것이 여간 쉬운 일은 아니었다. 관련된 유치원, 특수학교 등 많은 곳을 돌아다녀 보았지만 화요일, 목요일 오후시간에 맞는 장소는 찾지 못했다. 결국 6개월은 그렇게 흐르고 2학기가 되어 무조건 나가자는 생각에 마산 장애인 복지관에 찾아갔다. 용케 시간이 되어 성인 장애인분들의 체육수업보조를 하고 고아원의 한 아이를 개인 수업을 해주었다. 이렇게 6개월간 장애인복지관에 꼬박꼬박 갔다. 내가 생각한 것과 다른 것도 많았고 나도 모르게 당황해서 화낸 적도 많았다. 하지만 그들도 사람이라 많은 것을 배울 수 있었다. 그리고 1학년 겨울방학 때 친구와 인도 배낭여행을 갔다 왔는데 그 계기로 좋아하는 것이 생겨 복지관에 나갈 수가 없었다. 그것은 바로 글을 쓰는 것이다. 글을 너무 쓰고 싶었고 다른 것들을 배우고 싶었기에 아빠가 사주신 작은 넷북 하나에 2학년 1학기 LTI 시간이 맡겨졌다. 지금까지 글을 쓰는 것은 내 삶의 일부 중 하나가 되어 버렸다. 그렇게 1년은 글 쓰는 것에서 시작되어 시, 인문학, 철학까지 여러 가지로 깊게 배울 수 있었다. 이때 다들 꿈이 바뀌었냐고 물어보셨지만 나는 바뀐 것이 아니라 다른 것도 찾고 지금 하고 싶고 재밌는 것이 생겨서 그것을 선택했을 뿐이었다. 세계은행 총재, 김용 선생님이 이런 말씀을 하셨다. “나는 무엇이 되는 것에 관심을 두지 않았습니다. 무엇을 해야 하느냐를 늘 생각했죠.” 그렇다. 무엇이 되느냐 보다 무엇을 하느냐가 나에게는 더 중요했던 뿐이다.

시간은 계절과 같이 빨리 지나갔고 많은 것이 변해갔다. 이 과정에서 많은 것을 잃고 새로운 것을 알게 되었다. 나는 나의 편리함과 안정만 생각했지 덥고 춥고 비오는 날씨를 견뎌야지 더 실하게 열매를 맺고 자라날 수 있는 모든 생명들, 그리고 그것들이 있기에 비로

소 살아갈 수 있는 나와 세계의 관계성에 대해서는 생각하지 못하였다. 이렇게 우리가 살아가는 이곳, 환경에 대해 관심을 가지게 되어 3학년 때는 한국 생태 환경 연구소로 LTI를 가게 되었다. 그 안에서도 수질부분을 연구소 식구 분들과 담당하게 되었다. 어떤 날은 현장에 직접 나가 마을마다 도랑 수질 검사도 하고 마을에 꽃도 심고 다큐멘터리 시사회 등 많은 것을 경험하게 되었다. 이렇게 3년 동안 많은 사람들에게 많은 것을 얻고 배웠다. 의자에 10시간 이상 붙어있으며 책만 보는 수업이 아닌 내가 좋아하고 하고 싶은 것을 스스로 찾아서 배우니 그것보다 즐거운 수업이 있을까. 그것보다 더 실한 배움이 있을까.

집 밖으로 떠나자

인도를 너무 가고 싶었다. 학교 일정에 차질이 갈 수 있는 상황이었음에도 불구하고 울면서 교장실에 찾아갔다. 교장선생님께서 네가 그렇게 원한다면 가야지 않겠느냐 하는 말씀에 나의 첫 해외여행은 시작되었다. 그 때 내가 왜 그렇게 가고 싶어 했는지 모르겠다. 아무래도 학교 속의 자유보다는 더 넓은 세상을 나는 원했고 갈구했기 때문이었을 것 같다. 인도 배낭여행으로 인해 내 세상은 더욱 넓어지고 밝아졌다. 이렇게 고등학교 1학년 추운 겨울은 뜨거운 사막아래와 향긋한 인도 향과 함께 지나갔다. 그리고 두 번째로는 2학년 봄에 학교에서 15일간 네팔봉사를 갔다. 1학년은 7일간 제주도 한 바퀴를 도보하는 것, 2학년은 15일간 네팔해외봉사, 3학년은 7일 동안 진로체험을 하는 것이 의무적이다. 그리고 더해 3년간 2박3일씩 일 년에 한번 지리산 종주를 하는 것까지 우리는 개인적인 활동 뿐 만 아니라 밖으로도 여러 활동들을 많이 한다. 네팔에서 빈민아이들 학교를 꾸며주고 마다브 선생님께서 내전 때문에 짓다만 학교를 보여주며 사물놀이 공연도 하고 꽃목걸이도 함께 나누었다. 네팔을 다녀온 후 우리는 짓다만 학교에 희망을 넣기 위해 NCF라는 동아리를 만들어서 최종 목표인 5억을 모으기 위해 체계적으로 홍보도 하고 직접 나가 기부도 받고 팸플릿도 우리 손으로 만드는 것까지 함께 하고 있다. 비록 큰돈은 모이지 않았지만 추운 날 떨면서 했던 홍보, 프리허그 등 이러한 과정들이 우리의 마음을 더 따뜻하게 해주었다. 마지막 3학년에는 태국 싱부리에 아동봉사를 위해 10일 동안 다녀왔다. 개인적으로 원서를 쓰고 면접을 보고 통과 후 가게 되었다. 이외에 내일로를 통해 7일간 기차로 배낭여행도 가보고 서울에 빈곤 퇴치 캠페인도 참여하며 가까운 축제도 갔다. 3년간 최대한 많은 곳으로 나가 오감을 느끼고 어디든 갈 수 있는 용기와 여행의 맛을 알아버렸다.

나에게 여행은 집 밖이다. 길이고 거리다. 밖으로부터 들리는 소리와 냄새가 다 내 것이 된 것 같고 타인의 외로움과 나의 외로움을 만나는 것, 자기가 생각하는 여행이 진심 담긴 여행인 것 같다. 답이 없는 단어로, 내가 생각하는 여행은 가서 버리고 싶은 것은 버리고 우리와 다른 것을 느끼고 맛보고 많은 사람들을 만나고 오는 것이 진정한 여행인 것 같다.

나는 여행을 가고 싶을 때 여행 관련 책이나 사진을 많이 본다. 정말 어디는 뛰어가고 싶어 미칠 정도다. 요즘은 남미의 쿠바에 너무 가고 싶다. 체게바라와 슬픈 건축을 실제로 보고 싶다. 언젠가 가는 날을 고대하며….

모든 것이 아름답다(미지의 인도 여행기)

인도에 간다

인도에 간다. 학기 중에 가는 것이라 결석처리를 하고 힘들게 간다. 하필이면 학생증도 잃어버려 칼라로 뽑아 코팅을 해 만들어서 가져가게 되었다. 처음 외국 가는데 그게 인도다. 솔직히 인도 말고 유럽이나 미국 간다고 하면 이 정도로 간절하지는 않았을 것이다. 내가 알고 있는 인도는 더럽고 복잡하고 사기꾼도 많고 소를 귀하게 여기며 화장실도 그냥 길에서 볼일을 보는 그런 곳이었다. 주위의 이런 저런 얘기를 들으면 과연 사실인지 궁금하기도 하고 여권도 훔쳐 위조해서 돈을 벌고 사진 찍어서 불법으로 팔기도 한다는 소리를 들으면 인도는 정말 위험한 나라였다. 긍정적인 인식보다는 부정적인 인식이 더 강하기에 걱정도 되고 이 결정이 나에게 과연 도움이 되고 잘한 일인지 여러 생각이 다 들었다.

일단 우리나라와 인도는 매우 달랐다. 최대한 낮추고 뭐든 힘든 것이 있고 어려운 것이 있더라고 즐기고 보자는 것이다. 큰돈이 어디서 굴러들어온 돈이 아니다. 엄마, 아빠가 피땀 흘려서 번 돈인지 나도 잘 안다. 그래서 더 뜻 깊고 많은 것을 머릿속에 담고 내 두 눈 속에 담아 올 것이다. 이번 여행은 어른 두 분과 시내와 나랑 가는 배낭여행이다. 긴 머리도 단발로 싹둑 잘랐다! 준비 완료다!

인도의 수도 델리

너무 긴장해서인지 일찍 눈이 뜨였다. 오늘은 출국하는 날. 지금부터 24일 동안 엄마, 아빠 목소리도 듣지 못하고 혼자 생활하고 스스로 해야 한다. 학교가 기숙사여서 인지 혼자서 하는 것 정도는 거뜬히 적응은 되어서 걱정 없었다. 나는 지금도 내 여권만 보면 마음이 들뜬다. 여권만 있으면 어디든지 갈 수 있어서 너무 좋다. 처음 탄 비행기에 들떠 가지고 둘이서 웃고 떠들고 했던 것이 지금 생각하니 촌스럽게 보였을 수도 있고 민폐였지 않았나 싶었다. 가는 시간은 16시간 지겨울 정도로 비행기 타고 간다. 내가 이렇게 하늘과 땅 사이를 거르는 일이 과연 잘한 건지 또 생각해 봤지만 이미 출발하였고 후회는 하지 않았다. 공항에 도착해 짐을 찾고 파하르간즈로 가는 게 계획이지만 순조롭지 않았다. 교수님 짐이 없어져서 한참동안

공항에 있다가 결국에는 호텔 주소를 적고 택배를 붙여주기로 하였다. 공항을 나가는 순간 인디언들이 환영해주고 있었다. 아는 사람도 아니고 처음 본 사람이지만 너무 반가웠다. 생각 보다 낯설지가 않았다. 내리자마자 냄새가 그 새로운 냄새, 참 재밌는 냄새가 났다. 인제부터는 내가 맘 내키는 데로 내 발 가는 데로 갈 거다. 첫 날밤은 푹 자지는 못했지만 이것도 차차 적응해야 한다. 처음이라 한국음식을 이것저것 가지고 왔는데 이것으로 아침에는 대충 때우고 같이 릭샤를 타고 인디아 게이트를 갔다. 거기 견학 온 여러 학교 아이들도 보이고 연인들도 보이고 여러 음식을 파는 사람들도 많았다. 우리가 웃으면서 손잡고 가니까 신기한가 보다. 인사도 하고 어느 나라에서 왔냐고 물어보기도 한다. 시내 이마에 있는 여드름 보고도 머냐고 묻는다. 영어사전에 쳐보니까 'pimple' 이라한다. 학교에서 매일 영단어 외울 때 그렇게 안 외워졌던 게 'pimple'은 아직까지도 잊어먹지 않고 있다. 여기서 영어로 말하고 듣게 되니 영어 공부도 되고 참 좋은 게 많았다.

사진 찍자 하면 난리가 난다. 여기저기서 개미 떼 같이 몰려 들여 막상 찍어보면 우리 찾기는 힘들다. 첫 인디아음식은 우리나라 떡볶이, 순대 등 포장마차처럼 파는 게 있다. 사모사라고 하는 건데 맵기만 하고 맛은 없다. 만약 인도에서 길거리 음식을 먹고 싶다면 한, 두 개 정도는 먹어도 되지만 많이 먹으면 안 된다. 날씨가 더워 튀긴 음식이 대부분인데 기름이 깨끗한 게 아니라 먹고 설사할 수도 있기에 조심해야 한다. 사모사를 한번 먹고 나니 인도에서 뭘 먹어야 될지 눈앞이 캄캄했다.

인도의 수도 델리를 걸으면서 국립중앙박물관도 가봤다. 우리나라 국립중앙박물관보다는 작지만 새로운 것들을 볼 수 있었다. 어른은 300루핀데 학생은 1루피다. 그만큼 인도에서 학생 대우를 잘해준다. 학생증을 안 가지고 왔으면 큰일 날 뻔했다. 여기서 이런 유적도 보는 것도 좋지만 사람들의 모습과 삶을 보는 것이 더 좋다. 여러 사람들과 눈도 마주치고 일부러 말도 많이 하려고 했다. 난 영어를 오래했지만 잘하지는 못한다. 인도 갔다 와서 깨닫게 된 것 중 하난데 외국에 갈 때 영어 좀 못해도 갈 수 있다. 사전 하나 들고 가도 다 통한다. 왜 그런지 몰라도 아마 서로의 눈만 바라보고 그 말을 이해하는 게 아닌가, 몇 개 안되는 단어로 떠듬떠듬 말해도 서로 다 알아듣는다. 이 사소한 하나하나가 그냥 모든 게 신비하다. 그들의 모습 하나 하나 눈여겨본다. 아니 눈여기게 된다. 맨발로 뛰노는 아이들, 아침에 출근하려다 우리처럼 모닝커피가 아닌 모닝 짜이 한잔 먹으면서 가게 문을 여는 모습 모두 내 눈 안을 스치게 된다.

자이푸르

새벽 04:00, 어느새 나는 씻고 배낭 매고 버스 안에 있다. 버스 탈 수 있을까 했는데 참 신기하게도 내가 지금 버스 안에 있다. 여기서는 걱정이란 종이 필요할 줄 알았는데 잠시 접어둬도 괜찮을 것 같다. 자이푸르로 가는 버스 안에서 사람들이 웃는다. 머가 그리 웃긴지 배 째도록 웃으신다. 같이 웃게 된다. 왜지? 알아듣지도 못하는 말에 같이 웃게 되니 나도 좀 이상하다. 하여튼 이렇게 웃으니까 기분 좋은 출발이다. 내가 꿈나라에 갔다 온 동안 어느새 자이푸르가 조금씩 보인다. 좁고 불편한 버스에 앉아서 8시간 동안 타고 가는 게 힘들었지만 이것보다 더 힘든 일도 있을 텐데 생각하면서 즐기면서 갔다. 도착하니 다를 게 없다. 역시 구걸하는 사람들과 릭샤를 서로 태우려는 기사아저씨들의 싸움, 아마 다 살기 위해서 그러는 것일 거다. 워터팰리스, 공원과 상점을 가는 루트 역시 결코 마음에 들지 않았다. 하지만 안타깝게도 이번에 인도루트는 혼자 온 게 아니라서 따를 수밖에 없었다. 모든 것을 그냥 즐길 수밖에 없다. 워터팰리스에서 있었던 일이다. 그 앞에서 한 아저씨가 코코넛을 팔고 있었다. 바로 옆 수레에 다른 한 아저씨가 코코넛을 팔고 있었다. 우리는 똑같은 가격에 코코넛 2개를 사려고 했는데 어느 쪽을 사야 될지 몰라 한 개씩 팔아드렸다. 원래 한 개에 15루피였는데 우리 일행 중 한 어른 분이 이거 완전 바가지라면서 10루피에 해달라고 하니 그중 한 아저씨가 결국 승낙하게 되어 1개를 주었다. 하지만 우리가 먹고 있는 사이에 아저씨가 15루피 받는다면서 일행 어른분과 다투게 되었다. 그래서 한 개는 환불받고 서로 욕하고 난리가 났다. 그 옆의 다른 아저씨는 어쩔 줄 몰라 그냥 가만히 있기만 했다. 눈 한번 깜빡거리면 눈물이 떨어질 듯한 눈으로 우리를 보고 있기에 너무 죄송했다. 5루피 좀 더 주면 어때서 그런 건지 다음에 만나면 많이 팔아 드릴 것이다.

암베르성

기차표 예매가 미뤄졌다. 우리 잘못도 있지만 어른 두 분께서 미루고 미루고 하셔서 서로가 게으른 탓에 이런 일이 생긴 것이다. 또 어른 두 분께서 서로 불상사가 일어났다. 아직 시내와 나랑도 싸우지 않았는데 두 분께서 정말 유치하게 싸우신다. 결국에는 조금 걸어 다니기고 암베르성에 가기로 했다. 나랑 시내는 지문이 닳도록 손을 잡고 다녔다. 첨에는 구걸하는 애들을 보면 돈을 주곤 했는데 외국인들이 100루피씩 주고 하니 5루피, 10루피 이렇게 주면 고맙다는 말보다는 더 달라고 난리다. 돈을 주고 싶은데 줄 수 없는 사정에 우리는 그때마다 붙잡은 손에 힘이 들어갔다.

암베르성에 갔다. 11월인데 한국은 추워서 난린데 여기는 더워서 난리다. 천천히 걸어 올라가면서 슬프게 고개 숙여가는 코끼리를 볼 수 있었다. 이렇게 가까이 코끼리를 본 건 처음이다. 몸에 흉터가 엄청 많다. 얼굴에 그림도 그렸다. 코끼리도 엄연히 생명을 가지고 있어 감정이 있는 동물인데, 이 코끼리도 얼마나 아프고 힘들까? 아직도 세계 구석구석 이런 식으로 동물학대가 많이 일어나지만 구제 받지 못하고 있었다. 언제쯤 모두가 평화로운 세상이 올까?

큰일 났다. 몸이 점점 말을 안 들어 힘도 없고 걷기도 싫어지고 먹기도 싫어졌다. 그래도 안 갈 수는 없어서 가게 됐지만 몸이 좋지 않아 많은 것을 보지 못해 아쉽다. 호텔에서 한국 언니를 만나서 컴퓨터를 쓸 수 있게 되어 엄마한테 메일을 보냈는데 바로 읽으셨는지 문자가 왔다. 갑자기 눈물이 왈칵! 그냥 나도 모르게 눈물이 났다. 몸도 안 좋아서 토하고 게다가 변비까지 걸리고 줄 곳 여자들이 하는 생리주기도 겹친 것이다. 죽을 것 같은데 힘들어서 눈물이 났던 것 같다. 속으로 '미지야 파이팅!' 한번 외치고 세수 한번 하고 마음을 가다듬고 11시에 기차를 타러 갔다. 자기 자신에게 긍정적인 말 한 마디가 이렇게 힘이 되는 줄 몰랐다. 기다리고 있는 도중에 한국인을 만나 한방소화제를 먹고 기차를 겨우 겨우 탔는데 침대칸이다. 배낭을 머리에 배고 잘 준비하고 또 잠깐 생각하게 된다. 우리는 인도의 시설들을 불편해하고 힘들어하는데 인디아사람들은 이것을 평생 동안은 아니지만 이때까지 잘해 왔다. 아마 인디아사람들은 불편하다고 느끼지도 못 할 거다. 우리 한국인이 너무 편히 사니까 우리보다 후천적인 인디아가 불편하다고 느낄 뿐이다. 나도 기차나 버스를 자주자주 타면 인디아사람들처럼 편하게 생각하고 그런 게 당연하다고 생각하게 될 것이다. 인디아에 가게 되면 이런 짬 시간이 많이 생기면 생각하는 시간도 있고 책 읽는 시간도 있다. 내가 이렇게 늦게까지 글을 쓸 수 있는 이유도 하루도 빠짐없이 일기를 써왔고 시간 날 때마다 꼼꼼히 메모한 덕에 기억력이 그렇게 좋은 건 아니지만 일기를 보면서 이렇게 글을 써 내려 갔다. 이번 기회에 메모습관이 이렇게 중요하다는 것을 새삼 느꼈다. 일기를 쓰다 시계를 보니 12월 1일이다. 지금 한국에는 추워서 죽으려고 할 때 우리는 더워죽는다. 정말 재밌다. 겨울을 이렇게 따뜻한 곳에서 지내게 될지 어찌 알았을까!

조드푸르

자고 일어나니 조드푸르에 도착했다. 새벽에 막 동이 트는 걸 볼 수 있었다. 항상 우리는 내리면 게스트하우스에 배낭을 두고 하루를 시작을 한다. 새벽에 게스트하우스 찾는 것은 아시는 분은 아실 텐데 싼값에는 참 힘들다. 여러 곳 들렀다 결국 간곳은 고팔 게스트하우스다. 블루시티의 조드푸르, 이 고팔 게스트하우스도 블루시티의 중 하나였다. 파란색에 루프 탑 위의 경치는 정말 말로 설명하지 못할 정도로 아름다웠다. 뒤에 메한가르성의 장관이 다보였다. 아침인데 잠을 제대로 못 잔 탓에 시내와 나는 더 자기로 했다. 감기가 걸렸는지 속도 안 좋고 열도 많이 나고 목도 너무 아파 내내 누워있었다. 기차를 탄 이후로 더 안 좋아진 것 같았다. 시내가 제일 힘들었을 것 같다. 한참 자고 일어나보니 늦은 저녁이다. 어른 두 분은 밖에 나가시고 우리는 약도 없어서 매실 물을 계속 마시고 물수건으로 열을 계속 내리고 발바닥 용천을 계속 주물러 주다가 일어나니까 시내가 지쳐 잠들어있었다. 하늘이 어두워지자 메한가르성 위로 산책을 하러갔다. 올라가는데 맨발의 아이들이 많이 몰려왔다. 펜과 초콜릿을 주라고 난리다. 뭐든 있냐고 묻는데 정말 아무 것도 없어서 줄 수가 없어 정말 미안했다. 다음에 인도 올 때는 볼펜 1000개는 들고 와야겠다.

한국인들 만나기가 힘들 꺼라 생각했는데 보기보다 많았다. 한 오빠를 만났는데 군대 갔다 혼자서 처음으로 인도 배낭여행을 혼자 하게 되었다고 한다. 진짜 처음에는 한국어로 번역된 인도 가이드북도 뭔지 몰라 제대로 읽지도 못했는데 인제 길도 잘 찾을 수도 있겠고 담에 올 때는 지금 마음상태로 라면 혼자 당장 갈 수 있을 것만 같았다.

인디언들은 정이 많이 간다. 금방 친해져서 몇 마디 건네는 순간 친구가 된다. 친절하기도 하다. 인도의 그런 나쁜 인식이 틀리다는 것을 모든 한국인들에게 아니라고 말해주고 싶다. 조드푸르에 메한 가르성에 올라가는 중 12살 아이에게 초대를 받았다. 처음에는 교수님이 같이 가자고 했을 때, "아, 교수님 우리끼리 갈게요. 굳이 여기까지 따라 오실 필요 없어요."라고 말을 하니 교수님이 화를 내시면서 "너네끼리 어찌 가니 같이 가자."라고 말씀하셨다. 일단 같이 그 집에 가니 앞에 페인트로 에이즈에 관한 이야기가 영어로 적혀있었다. 잘 보이지 않아서 몰랐는데 교수님과 같이 가서 알게 되었다. 조금 무섭지만 계단 따라 올라가니 약속시간에 맞춰 짜이(인도의 전통차, 우유와 생강을 넣어 만든 차)를 끓여주시고 계셨다. 너무너무 감사했다. 12살 아이는 학교를 다닌다. 그 집은 부유하지도 않고 가난하지도 않았다. 첫째만 학교를 다니고 있어 영어를 할 줄 알지만 그녀의 엄마와 나머지 아이들은 영어를 하지 못했다. 덕분에 같이 사진도 찍고 사리(한복처럼 전통의상)도 입고 인디언들이 사는 집에 대해 잘 알게 되었다. 이날부터 진정한 인도의 여행이 시작되었다.

둘 다 펑펑 운 날, 어리고 정말 순수한 우리들에겐 충격에 실망이 더해 졌다. 교수님이 우리가 놀고 오니까 왜 이렇게 더러운 애들이랑 노냐고 좀 깨끗하고 잘 사는 애들이랑 놀라고 말씀하셨을 때, 이런 생각으로 인도에 오셨다면 정말 실망이다. 우리는 더 이상 참지 못해 4명이 왔지만 자는 것만 같이 자고 따로 다니기로 했다. 완전 좋았다. 둘이서 인도여행 온 것 같았다. 나는 인도의 유적지 가는 것도 좋지만 인도의 마을, 시장, 사람 사는 것, 그들의 삶을 보러 가는 게 더 좋다. 가기 전 아빠의 말씀이 가서 멍하니 그냥 놀러 가는 게 아니라 인도 사람들을 유심히 보고 삶을 보라는 말씀이 정말 귀에 쏙들어왔는지 입은 조금 쉬고 눈이 열심히 놀면서 이것저것 궁금해 하면서 보며 느끼고 왔던 것 같아서 후회 없이 정말 행복했다.

인도 온지 벌써 일주일이 넘었다. 인제 아침에 일찍 일어나 창문을 한번 보면 인도사람들의 하루 일상이 보인다. 새벽부터 우유 배달하는 아저씨, 4인용 릭샤에 열댓명 교복 입은 아이들이 매달려 등교 하는 것, 자전거 릭샤 아저씨가 일하러 서서히 준비하시는 모습, 과일장사 하시려고 과일 하나 하나 옮기시는 아주머니, 이젠 모든 게 익숙해질 정도로 내가 살고 있는 곳인 줄 알았다.

자이살메르

자이살메르로 가는 기차, 좀 춥긴 하지만 다 껴입고 잘 거라서 걱정 없다. 엄마가 사준 침낭이 생각났긴 했지만 필요 없어도 될 것 같았다. 기차에서 배낭을 조심히 해야 된다던데 배낭 도둑 없다! 경험해본 내가 안다! 걱정이 된다면 머리에 그냥 머리에 베고 자면 된다. 늦게 와서 씻고 자고 일어나서 '머드 미러' 라는 게스트하우스에서 라면 끓여 먹었는데 정말 맛있어서 진짜 눈물 날 뻔했다. 어른 두 분께서는 나가셨는지 일어나니 안 계신다. 인제 우리끼리 놀다가 갈 곳 갔다가 어둡기 전에 오면 된다. 우리도 얼른 나갈 채비를 하고 마을을 둘러 보러갔다. 자이살메르는 관광으로 유명한 도시인지 한국인이 꽤 많아서 깜짝 놀랐다. 시내 폰은 로밍이 안 되서 문자가 안 오는데 내 폰은 로밍이 된 탓인지 문자가 많이 왔었다. 이때가 12월 3일이었는데 시험기간이라고 공부해야 되는 거 아니냐고 빨리 한국에 오라는 문자가 왔었다. 공부 따위는 잊어 먹고 있었는데 문자 때문에 생각이 났다. 지금 모두들 미래만 보면서 미친 듯이 열심히 달리고 또 달리고 있을 테지만 난 다르다! 시험공부 따윈 곱게 접어두고 현재를 미친 듯이 즐길 거다. 앞을 보고 달려가지만 뒤도 한 번씩 돌아보면서 가는 그런 사람이 될 거다.

미래만 바라보며 살지마라
앞으로 펼쳐진 네 앞날이 온통
무지갯빛 초원일지라도 지금 이 시간이
너에게 더 귀한 선물이다
지금의 행복을 위해서라도
마음껏 사랑하고 마음껏 즐기고 또 마음껏 멈춰 서라
더딘 속도로 간다고 해서 너의 삶이
덜 아름다운 것은 아닐 것이니…….
- 우리 흩어진 날들 中 -

얼른 나갈 채비를 서둘러도 오후 되서야 마을을 걸어본다. 먹고 싶은 거 있으면 사먹으면 되고 갖고 싶은 게 있으면 사면 된다. 뭐든 우리끼리 하면 된다는 생각해 마음이 더 가벼워진다. 길가 토마

토도 사먹고 걷다 쉬다 걷다가 자이살메르에서 가장 높은 게스트하우스를 어쩌다 한 인디언을 만나서 따라가게 되었다. 처음부터 그 사람을 의심하면 안 된다. 처음에는 누구든 의심하고 못된 사람일까봐 근처도 못가고 말도 제대로 못 걸었는데 그러면 진짜 인디아에서 나 혼자 그냥 보고 오는 것 밖에 안 된다. 그 사람을 따라가 정말 멋진 노을을 보고 왔다. 해질녘이 되니 가족이 모여 노는 것도 보이고 옥상에서 아이들이 연도 날리는 모습도 볼 수 있었다.

날짜 개념이 없어서 오늘이 토요일인지도 폰을 보고서야 알게 된다. 아침에 6명에 지프카를 타고 사막에 가니 낙타 6마리가 우리를 기다리고 있었다. 내가 고른 낙타는 좀 힘들었을 것 같았다. 총 5시간을 탔는데 키도 말보다 더 크다. 정말 엉덩이 후유증 또한 어디 간 듯 정말 재밌었다. 사막 베이스캠프에 도착해 막상 맨발로 다니려니 발에 전갈 같은 벌레에 물리면 어쩌지 이런 생각을 했었지만 막상 모래를 보니 그런 생각은 없어지고 퉁퉁 부은 내 자랑스러운 발에게 자유를 주고 싶어 신을 벗어 던지고 따뜻하고 차가운 사막모래 위에 뛰어 놀고 있었다. 하늘이 점점 캄캄해지더니 침대 위에 누워 하늘을 보니 한국의 밤하늘 별을 보는 것과 인도의 사막 밤하늘 별을 보는 것의 느낌은 정말 색다르고 설렜다. 꼭 별들이 자기들 봐주라고 서로 반짝반짝 하는데 인디언들의 눈처럼 깨끗하고 맑고 순수했다. 이런 것을 보고 느끼면서 내가 참 적응을 잘하고 있는 것 같아서 다행이라 생각 했다. 더러운 것을 봐도 인제는 인상 찌푸리지도 않고 그냥 인디언들과 같이 그렇구나 하고 넘어가게 된다.

12월 5일, 아직 한국에 갈려면 많은 날과 시간이 남았다. 목표가 생겼다. 사람들의 사진을 많이 찍을 것이다. 자이살메르는 참 살기 좋은 도시인 것 같다. 사람들의 인정도 많고 시내 여드름 때매 어떻게 소개로 허브병원도 가보게 되었다. 이틀 동안 허브병원 의사선생님이 허브로 여드름 치료하는 동안 나는 병원 앞에 음료수를 팔고 있는 의사선생님 동생분과 같이 이야기하고 놀았다. 서로 영어는 못했지만 진심으로 이야기를 하고 서로의 고민을 나누게 되었다. 고등학교 수학선생님인 동생은 7년째 결혼 승낙을 받지 못하고 있었다. 여자 친구는 댄스 선생님인데 반대가 매우 심해 아직까지 결혼을 못해 매일 괴로워하고 있었다. 이런 저런 고민을 서로 이야기를 하고 들어주고 위로해주었다. 그것도 영어로 대화하면서 말이다.

군발가르포트, 라낙뿌르

여행은 맛으로 표현한다면 달고 짜고 맵고 시고 쓰다. 무엇이 들어가는 지에 따라 맛이 달라지듯이 여러 가지 맛이 나는 여행, 진짜 신난다. 여기 저기 도시 옮겨 다니면서 사람들과 많은 정을 나눠서 진짜 좋은 추억 만들고 가는 것 같았다. 헤나도 하고 우리끼리 식당에 들어가 밥도 사 먹고 사진도 찍고 갈수록 재밌는 경험을 찾아서 하게 되는 것 같았다. 이른 아침에 차를 대절해서 군발가르포트, 라낙뿌르라는 작은 도시에 가게 됐는데 이렇게 차를 대절해서 가니까 패키지 느낌이 나서 굉장히 싫었다. 더 많은 것을 볼 수 있어서는 좋았지만 패키지 같은 일과는 너무 싫었다. 그래도 갈 수 밖에 없었다. 밖에는 머리 예쁘게 묶고 교복 입고 엄마는 뒤에서 학교 가방을 들고 아이들 챙기는 모습과 학교 못 가 일하러 짐차에 타는 엄마와 아이들, 염소 몰면서 학교가 아닌 산으로 가는 모습이 정말 비교 되었다. 너무나도 다른 두 아이의 눈은 차마 볼 수 없었다. 우리나라 60년대 육성회비 못 내 학교 못 가는 것처럼 인도는 학교 가는 자체가 인도의 부 상징이기에 개인의 사정보다는 나라 자체의 사정이기에 모든 아이들이 학교를 갈려면 인도의 발전을 희망할 수밖에 없다. 인제는 모든 일상이 내 발 가는 데로 가게 되었다. 어딘지는 모르지만 내 발의 결정에 겸허히 따를 뿐이다.

마운트 아부

마지막 일정인 마운트 아부로 갔다. 우리나라로 따지면 제주도같이 신혼여행지로 정말 유명했다. 그래서인지 호수에 오리배도 있고 인도에서 볼 수 없었던 로맨틱한 곳도 볼 수 있었다. 관광객도 많이 와서 구걸하는 아이들도 많고 마술을 보여주고 돈을 받는 아이들도 많았다. 여기는 밤이 되면 엄청 춥다. 손도 시리고 발도 시려워서 잠도 못 잔다. 실컷 놀고 밤이 되어 호텔을 들어가려고 할 때 돈 털어 장갑, 신발, 양말, 목도리를 사서 아이들한테 나누어주었다. 돈도 없고 각각 사이즈가 달라서 사이즈 찾는 일도 쉽지가 않았다. 몇 명에게 주니 점점 몰려들어서 못 준 아이들도 많았다. 못 받은 아이들은 시무룩했지만 그래도 받은 애들은 좋았는지 고맙다고 웃으면서 손을 흔들어 주었다. 이렇게라도 도와주니 너무 뿌듯했다.

며칠 안 남았다. 공항에 빨리 가기 위해 전날 델리에 왔다. 우리끼리 살 것도 사고 밥도 먹었지만 질리는 음식도 있고 한국음식이 너무 먹고 싶어서 델리에 한국음식점을 찾아서 가게 되었다. 김치 볶음밥, 닭볶음탕, 칼국수 이것저것 다 팔았다. 우리는 그 중 맛있는 닭볶음탕을 먹었는데 너무 맛있어서 눈물 날 뻔 했다. 해가 질 쯤 호텔로 일찍 가서 잠자리에 누우니 잠이 안 온다. 내일이면 한국으로 가기 때문이다. 인제서야 인도의 모든 것이 적응되고 손도 안 씻고 숟가락 없이 손으로 밥 먹고 웃으면서 먼저 인사하고 그러는데 떠날려니 아쉬웠다. 오기 전에 주위의 사람들에게 들은 충고가 생각났다. 여권을 훔쳐가니 잘 챙겨라, 정신 차리지 않으면 길 잃어버리니 한눈 팔지 마라, 물은 꼭 사 먹어라, 길을 잃어버렸을 때는 인디언에게 묻지 말고 외국인에게 물어라 등 많은 충고가 생각났는데 모두들 인도라는 나라는 더럽고 사기꾼의 나라로 알고 있지만 잠시 한눈 팔고 이것저것 둘러 보다 가도 상관없고 물 또한 자기 혀만 믿는다면 어떤 물 먹어도 상관없고 길을 잃어버렸을 때 인도사람에게 물으면 더 자세히 길을 가르쳐 준다. 인도 덕분에 많은 것을 배워가고 더 성숙해진 것 같다. 뭐든지 다 즐기고 간다. 후회 없다. 몸이 좋지 않아 힘들었던 것 빼고는 전혀 없었다. 조금 방심해도 된다. 믿지 못하는 사람보다 믿을 수 있고 양심 있는 사람도 많고 우리나라를 사랑하는 인디언들이 많기 때문이다. 사실 인도니까 학기 중에 온 것이다. 다시 인도 갈래 물어 보면 망설임 없이 갈 것 같다. 그때는 혼자 가서 더 즐길 자신이 있을 것 같다. 자신감이 생기고 용기가 생겼다. 한국에 가면 짜이가 그립고 인디언의 눈이 그리울 것이다. 끝까지 유종의 미를 거둘 수 있어서 다행이고 너무 좋았다.

빛(미지의 태국 봉사활동기)

태국 싱부리에 있는 고아원

벌써 갔다 온 지 일주일이 훌쩍 지났다. 기능복과 커다란 난방에 손에는 여권을 꼭 쥐고 있는 내 모습이 아직도 눈에 아른 거린다. 세 번째 비행기, 처음은 인도, 두 번째 네팔, 세 번째는 태국 이렇게 나는 또 비행기에 올라탄다. 내가 태국을 가는 목적은 싱부리에 있는 고아원에 아동교육을 위해 10박 11일 동안 봉사를 하고 오는 것이다. 여름방학에 어디든지 가고 싶다는 마음에 급히 신청해 면접을 보고 합격된 후에 부모님께 말씀드렸다. 물론 딸이 가고 싶다는데 안 보내주실 부모님이 어디 계실까? 나를 보내는 부모님도 많은 부담도 되고 걱정도 되셨을 것이다. 청소년으로 이루어져 남자 7명, 여자 6명, 코디선생님 2명 이렇게 우리는 한국을 떠나 태국으로 갔다. 스튜어디스의 친절과 함께 출발한다. 언제나 두렵다. 비행기가 이륙할 때의 그 꿀렁함이 만감이 교차되는 내 모습이 아직도 그려진다.

사람들은 여행을 매우 좋아한다. 자유롭고 새롭고 즐거운 맛에 모두들 떠나게 된다. 나 또한 내 속에 계속 떠나려고 하는 마음이 꿈틀거리며 발통을 건다. 그 마음 덕에 태국으로 가게 된 것 같다. 모두 어색한 모습으로 5시 비행기를 기다리고 있었다. 제일 나이가 많은 내가 가장 부담이 된 건 사실이고 지금 이런 분위기를 위해 최대한 웃고 이야기를 많이 나누려고 했다. 비행기 안은 역시 좋았다. 식사 또한 기대 이상이어서 괜찮았다. 8시간을 하늘을 거슬러 태국에 도착했다. 텔레비전에서 보던 그곳, 습하면서도 낯설지 않은, 여러 나라 사람들이 내 곁을 스치고 있다는 게 정말 믿기지가 않았다. 그 늦은 밤 우리의 길을 인도하는 스튜어디스의 화도 충분히 받아줄 수 있는 밤이었다. 태국에는 우리나라와 다르게 반겨주는 사람이 정말 많다. 다들 호텔리어나 가이드가 기다리고 있는 거지만 함께 반겨주니 기분도 좋았다. 이렇게 현지코디인 매튜와 함께 싱부리까지 벤을 타고 갔다. 벤 안은 정말 시원했다. 봉사가 아니라 관광하러 온 느낌이었지만 피곤한 우리를 배려한 그들이 고맙기도 했다. 숙소에 도착하니 새벽 2시가 넘었다. 어둡고 피곤해서 어디에 홀린 것처럼 따라가 침대에 바로 누웠던 기억뿐이다. 이렇게 시간 따라 몸만 홀린 듯 끌려오고 정신은 아직 비행기 안에 머물고만 있는 그런 느낌이었다.

눈은 정말 크고 키가 작은 아이

눈을 뜨고 일상처럼 일어나서 커튼을 걷고 아이들을 깨우고 잘나오는 물로 세수를 하고 문 밖을 나왔다. 몸은 상쾌하지 않았다. 하지만 기분은 상쾌했다. 현지인의 굿모닝 인사로 더욱 기분이 상쾌해졌다. 여전히 나는 밥걱정은 전혀 없다. 향신료가 들어간 음식도 잘만 먹던 내가 태국 가서 탈난다는 것은 내가 아니기에 한 번 더 내 혀를 믿었다. 역시 기대를 지지 않았다. 트럭을 타고 거리를 달렸다.

휑하면서도 주위 가끔씩 보이는 사람들의 일상은 부지런했다. 집집마다 습도로 인해 장판을 쓰지 않고 타일을 쓰는데 트럭을 타고 지나갈 때마다 타일에 비치는 빛으로 한껏 눈부시게 만들었다. 다 같이 출근하고 그들의 일상에 함께 들어가 움직인다는 것이 행복했다. 아직까지도 이 모든 사실이 믿기지가 않았다. 이렇게 한참을 달려 고아원에 도착했다. 이상하게 아이들 웃음소리가 들리는 것처럼 괴이한 현상이 나에게 일어났다. 처음 보는 우리에게 있는 힘껏 손 흔들어 인사를 해주고 웃어주고 부끄러워 숨는 애들 하나하나가 너무 예뻤다. 부모가 있든 없는 간에 여기에 있는 아이들의 존재만으로 정말 소중했다. 그 중 눈은 정말 크고 키가 작은 아이가 나랑 눈을 맞추며 벽에서 살짝 나와서 손 흔들어주며 부끄러워했던 모습이 기억난다. 이렇게 많은 아이들과 선생님과 학교를 마주하고 점심을 먹으러 갔다. 점심은 역시 태국 음식, 향냄새가 나지는 않지만 기름을 많이 쓰기에 느끼했지만 싱싱한 채소에 입맛을 달구게 했던 것이 지금 내 입맛을 다시 돋우기 시작했다. 든든한 배를 받치고 한국어, 페인트, 청소로 나누었지만 시간도 없고 아이들이 함께 노는 것을 좋아해서 한국어 수업만 했다. 한국어가 왜 필요한지 잘 몰랐지만 요구하기에 하게 되었다. 무엇을 하느냐도 중요했지만 그것보다는 무엇을 통해서든 아이들과 더 친해지고 두 눈을 마주치고 웃으며 적응하는 것이 급선무였기에 가릴 수가 없었다. 한껏 친해진 우리는 서로 머리도 묶어주고 가방이나 여러 사소한 것을 챙겨주는 것으로 첫정이 붙어 버렸다. 나는 첫날인데도 불구하고 아이들의 머리 이도 잡아주기도 했다. 이렇게 밖에, 그것뿐이라는 생각이 들었었지만 처음이 가장 좋았던 우리는 10일의 큰 원동력이 되었던 것 같다. 그리고 대망의 야시장을 갔지만 텔레비전과는 많이 다른 곳이었다. 새로운 곳이라는 그 하나로 이것저것 구경하며 시원한 음료수로 목도 한 번 축이고 팀원들 얼굴도 제대로 쳐다볼 수 있었다. 숙소에 와서 우리를 위한 마을 아이들의 환영파티를 함께 즐기고 프로그램 설명 후 침대에 누워 비몽사몽한 하루 이야기를 함께 나누었다. 우리의 웃음소리는 태국의 모든 것들과 함께 저물어 갔다.

생각주머니

24시간이 24초만큼 빨리 지나가 또 똑같은 침대에 누워 생각하고 있다. 누가 깨워 줌에 의한 기상이 아닌 스스로 나도 모르게 일어나 깔끔한 밥을 먹고 어김없이 한 시간을 달려 고아원에 갔다. 300명이나 되는 아이들이 똑같은 머리스타일에 비슷한 키와 외모를 가져 (내 눈에는) 미안하지만 이름을 외울 수가 없었다. 그래도 마냥 좋았다. 아이들도 우리가 좋았을 것이다. 서로 좋은 이날이 얼마나 행복했을까. 대화가 안 되는 것이 불편했지만 눈빛과 우리도 모르게 주고 가는 것들이 불편함을 대신해 감싸주었다. 미술 수업은 더운 태국아이들을 위해 부채에 그림을 그리기, 색종이 접기, 페인트칠을 했지만 수업보다는 함께 노는 형식으로 되어 난장판이 된 듯했지만 이런 상황에서도 우리들은 웃고 있다는 것이 또 한 번 감사하게 생각했다. 항

상 이별은 아쉬운 법이다. 하지만 내일도 온다는 생각에 마음이 놓인다. 일정 후 우리나라의 대형마트 같은 곳에 갔다. 친구를 위해 뭔지 모를 전통음악 시디 한 개를 사고 숙소로 가는 길 가볍다.

10일의 똑같은 일상이 반복될까 두려웠지만 지금껏 반복된 생활을 지낸 것 중에 가장 편했다. 오늘따라 어둑어둑한 날이 첫날에 만났던 눈 큰 아이가 생각났다. 그 때보고 못 본 것 같아 같이 놀고 싶은 마음에 찾아보았지만 아무리 봐도 없다. 300명이나 되는 아이들이지만 그 아이만큼은 알아볼 수 있기에 걱정은 없었다.

하지만 오후가 되니 어수선한 우리 팀들과 진행되지 않은 프로그램과 아깝게 흘러 보낸 시간들이 답답함으로 느껴왔다. 한계가 온 듯해 마침 코디 쌤이 나를 불렀다. 오늘 일찍 가서 비 올 때를 대비한 프로그램으로 세 시간에 아이들 반 개수도 정해 내일 보여 달라는 것이다. 막중한 임무인 만큼 확실히 해야겠다는 생각과 우리 팀에게는 좀 더 스스로의 의지와 열정이 필요했다. 이렇게 우리는 3시에 숙소에 왔다. 그리고 우리가 가지고 온 물품을 모두 내놓으니 그 양은 정말 어마어마했다. 이것과 함께 더불어 남은 미술 수업과 체육 수업을 짜고 관심 없는 팀원들은 젖혀두고 혼자 새벽까지 만들었다. 내가 이걸 왜 해야 하는지, 왜 지금에서야 이걸 하는지, 여러 가지 생각주머니가 이층침대 밑바닥이 내 가슴을 누르는 것이 답답했다.

눈 감은 기억이 없는데 또 아침이다. 걱정이 없었다. 답답함도 사라졌다. 자신감이 생겼다. 발걸음이 즐겁다. 날씨가 화창하다.

모든 것이 완벽한 오늘 아침 해가 너무 반가워 웃음이 절로 나와 빠른 걸음으로 고아원으로 갔다. 비가 안 와 미니 체육대회를 했다. 페이스 페인트 물감을 이용해 빨강팀, 파란팀을 나누어 물통을 이용해 이어달리기, 멀리뛰기, 볼링, 풍선 터트리기 등 많은 상품을 걸어 진행되었다. 마음같이 되지 않고 팀 내에 소통이 되지 않아 힘들었지만 좀 더 체계적인 프로그램으로 함께 할 수 있었다는 그 자체로 뿌듯함이 자리 남았다. 내일은 뭐하지 여러 가지 생각과 더불어 또 그 아이가 생각났다. 문득 생각나는 그 아이가 어찌나 걸리던지….

돈

저녁에는 현지인과 질의응답 시간을 가졌다. 태국에서 가장 필요한 것이 무엇이냐 질문에 망설임도 없이 돈이라 했다. 우리나라뿐만 아니라 태국사람들도 돈을 걱정하는 것이었다. 밥도 아니고 물도 아닌 돈이 가장 중요시되고 있는 우리 사회 그리고 내가 서 있는 태국, 전 세계가 어떻게 되어가고 있는지 돈이라는 왕이 휩쓸고 있었다. 우리가 이렇게 와서 도와주고 교육을 나누어도 그들에게 가장 필요한 것은 돈이었기에 아쉽기만 하였다.

벌써 반이나 지나갔다. 역시 시간은 흘러가고 붙잡을 수 없었다. 웬만하면 집의 따뜻한 밥 한 숟가락이 그리울 때가 됐는데 마냥 붙잡고만 싶었다. 10일이면 아이들이 우리에게 정을 주고도 충분한 날이기에 이 정을 어떻게 뗄지, 마지막 인사는 어떻게 할지, 내가 한국을 돌아가서 무엇을 해야 아이들에게 도움이 될지, 머리 위에는 고민 주머니가 대롱대롱 달린 채 나머지 날들을 보냈다. 땀도 흘리고 한 개라도 더 하려고 일을 찾아 해야 했지만 역시 부족한 점이 너무 많았다. 나머지 2일은 관광을 했다. 살 것도 조금 사고 마사지도 받고 여러 곳의 관광지도 가고 싶었지만 어디가 어딘지 설명도 안 해주고 기사아저씨 따라 움직이기만 할 뿐이었다. 날씨가 더운 탓일까 모두 목 축이는 것 외에는 입을 열지 않았다. 그 유명한 태국 마사지를 받았을 때는 시원했지만 그만큼 아저씨께 죄송했다. 천막아래에 100바트(약 4000원)에 1시간 30분 동안 전신으로 주물러 준다. 내가 뭐 그리 잘났다고 봉사 온 주제에 퍼질러 누워 마사지 아저씨의 굳은살을 더 굳게 만드는 건지 회의감이 들었다. 괜히 내 손, 발을 숨기고만 싶었다. 아저씨가 보기에 내 손과 발이 얼마나 한심했을까? 나도 모르게 손가락을 움츠렸다.

핸드폰

태국에게 너무 많은 것을 바랐던 탓일까 흥미도를 점점 잃어가기 시작했다. 아이들을 보는 것은 좋았으나 똑같은 시간에 똑같이 출발해 똑같은 밥을 먹으니 점점 질려갔다. 태국이라는 다른 나라의 새로움으로 하루하루가 즐거워야 하는 시간이 피곤하기만 했다. 이럴 때 원동력이 되 준 것은 고아원 아이들이었다. 기분 나쁘거나 몸이 안 좋아도 아이들과 조금만 웃으면 스르르 풀리고만 말았다. 가장 아까운 것은 이동시간과 숙소에 있는 시간이었다. 더 늦게 가도 될 숙소, 더 늦게 먹고도 충분한 저녁식사, 퇴근시간이 정해진 기사아저씨, 다 마음에 들지 않았다. 우리에 목적과는 다르게 시간을 보내고 있었다. 쉰다는 이유로 많은 시간을 버리고 있었기 때문이다. 융통성 있게 효율적으로 써야하는 부분이 너무 아쉬웠다. 다음 국제 바람 활동단이 갈 때는 고아원에서 가까운 숙소로 아이들과 저녁까지 놀면서 함께 맛있는 밥도 해먹으며 더 많은 추억을 함께 만들어 주고 왔으면 좋겠다.

핸드폰을 안 본지 7일째 되었다. 여러 가지 장기자랑을 준비하면서 음악을 쓴다는 핑계로 와이파이가 터지는 식당에서 몰래하곤 했다. 나는 핸드폰이 있으면 쓰고 없으면 안 쓴다. 처음에는 불편하지만 시간이 지나면 원래 없었다는 듯이 아무렇지 않았다. 팀 중 가장 노장이고 친구(같은 나이)가 없다보니 너무 힘들었다.

우리는 한국음식(계란말이, 비빔밥 위에 올라가야 할 부재료)을 만든다고 여자아이들은 새벽까지 불 앞에서 굽고 있었다. 마침 올림픽 시즌에 스웨덴과 한국 축구 시합이 생중계로 보여주고 있어 그 흥미로 잠을 이겨내어 아이들을 생각하며 요리에 집중할 수 있었던 것 같다. 하지만 그에 비해 비협조 해준 팀원들을 생각하면 울컥했다. 이런 마음가짐과 행동으로 올 것 같으면 왜 왔고 이런 아이들을 왜 뽑아서 생고생을 시키는지 이해하지 못했다. 모두가 잠자리에 들어간 후, 슬픈 밤을 기댈 수 있는 것은 쇼핑몰에서 몰래 산 맥주 한 캔과 망친 계란말이와 아슬아슬한 와이파이 터지는 멍청한 스마트폰 하나뿐이었다. 90년 대 텔레비전에는 축구로 열광하는 사람들과 반대로 나는 태국에 떠돌아다니는 강아지 마냥 기운만 쳐졌다. 힘내라는 친구와 엄마의 말을 듣고 이런 날들이 더 많을 것이고 그 때는 아무도 없이 혼자 해결해야 하는 일들이 더 많을 텐데 그것을 위한 연습과정이라며 내 자신을 달랬다.

마지막이다. 끝의 막을 내리는 마지막은 항상 슬프다. 유종의 미로 끝을 낼 것인가 아니면 슬픈 이별해야 하나 아이들 얼굴만 봐도 사라지던 고민들이 한국까지 따라갈 작정으로 눈앞을 가렸다. 우리들이 가지고 온 여러 가지 물건들과 우리 한국 문화를 알리는 단소와 노래와 춤을 추고 답으로 아이들의 귀여운 율동도 보고 같이 꼬리잡기 게임도 했다. 마지막이라도 끝까지 함께 웃어주는 것이 너무너무 예뻤다. 출발하기 30분 전, 남는 건 사진뿐이라더니 아이들과 사진 찍고 한 번 더 안아 주었다. 처음에는 누가 누군지도 몰랐는데 지금 보니 누가 누구며 다 다른 아이들이 나를 봐주고 있으니 너무 신기했다. 이제야 눈이 뜨여 아이들을 볼 수 있으니 너무 미안했다. 정신을 차리고 처음 만난 그 아이를 300명 안에서 찾기 시작했다. 그리고 이 말만 해주고 싶었다. "일찍 알아주지 못해 미안하고 이렇게까지 밖에 못해줘서 미안해." 정말 미안한 마음뿐이었다. 제대로 한 것도 없는데 아는지 모르는지 눈망울로 나를 쳐다보는데 차마 눈을 마주칠 수 없었다.

아이를 찾았다! 따라 갔다. 도망간다. 잡았다. 또 도망간다. 잡았다. 마주쳤다.

눈에는 곧 떨어질 듯 눈물이 글썽이고 있었다. 우리 옆에는 많은 아이들이 사진 찍고 웃음소리로 가득했지만 눈물을 본 순간 아무것도 들리지 않았다. 내 마음을 알아주는 건지, 이별하는 것이 슬퍼 우는 것인지는 잘 몰랐지만 아이의 마음은 알 수 있었다. 그 아이는 고아였다. 엄마, 아빠가 계시지 않고 친척들로 버림 받아 고아원으로 왔다. 11일 동안 착한 언니, 오빠들이 놀아 줘서 좋긴 하지만 이 아이는 언젠가 이별할 것이란 걸 알고 정을 주지 못한 것이었다. 처음에는 좋아서 자신도 모르게 웃어주었지만 일정 동안은 눈앞에 보이지도 않았던 이유가 여기에 있었던 것이다. 다른 아이들 중에서도 이 아이와 비슷한 경우가 있을 것이다. 이렇게 끝을 낼 수밖에 없는 나 스스로가 참 미웠다. 마음 같아서는 아이와 함께 한국을 가고 싶었지만 현실적이지 못했다. 트럭 타기 직전까지 눈을 뗄 수 없었다. 특히 그 아이의 눈은 정말 잊을 수가 없었다. 첫날 그리고 마지막 날 딱 두 번의 인사가 나를 더욱 울리게 하였다. 우리의 이별은 이렇게 슬펐다.

작은 도시의 한 고아원에 300명의 아이들이 생활하고 있는데 이처럼 버려지는 아이들이 세상에 얼마나 많을까? 이 세상은 한참 사랑받아야 할 아이들에게 너무 많은 시련과 고통을 주고 있는 것은 아닐까? 저 아이들의 창창한 꿈들은 과연 빛이 될 수 있을까?

이것들은 내 문제 아닌 더 큰 문제로 끌어 나올 수 있었다. 내가 당장 도와줄 수 있는 것은 너무 먼 곳에 있었다. 이 아이에게 더 이상 고통을 주지 않게 밝은 미래의 사회를 만드는 것과 내가 좀 더 배우고 경험과 활동을 통해 스스로 발로 뛰며 하나하나 보살펴주는 방법뿐이었다. 오고 가는 비행기에서는 역시나 마음이 편치 않았다. 대한민국의 고3이란 신분으로 가장 급한 시기에 태국까지 와서 내 발이고 마음이고 수고가 참 많았다. 내기 여기까지 올 수 있었던 것은 나의 선택이 가장 중요했지만 그 뒷바라지해준 여러 사람들과 힘들 때마다 응원해주고 많은 것을 보태주고 믿어준 부모님이 가장 감사하다.

"건강히 잘 갔다 왔습니다. 또 커다란 배움을 얻고 소중한 추억과 인연을 만들었습니다. 내가 앞으로 살아갈 날과 시간들은 무수히 많은데 그 중 10박 11일은 아주 미미하지만 내 미래나 가까이의 진로까지 큰 거름이 되었습니다. 점점 내 미래의 밝은 빛이 보이기 시작합니다." 그리고 더불어 아이들의 빛도 함께 보이기 시작한다.

사람을 만나다

고등학교를 마산으로 진학하니 문화 활동 뿐만 아니라 강연이나 공연, 행사를 여러 곳에서 쉽게 갈 수 있었다. 우리 학교에서 한 달에 한 번씩 LTI시간에 외부로부터 강연하러 대단한 분들이 많이 오셨다. 이 외에 밖에도 중요한 강연이 있으면 친구들과 함께 가곤 했다. 김용택, 김혜경, 김종철, 정진현, 한비야, 허아람, 김진숙, 도종환, 서정홍, 장석남, 주지스님, 법륜스님 등 많은 사람들의 말씀을 주옥같이 들었다. 역시 사람으로부터 무엇을 배운다는 것, 그 사람의 한 평생을 짧은 시간에 들음으로써 내 삶을 더 고민하게 되고 책을 마냥 읽기보다는 사람의 목소리를 직접 들으니 재밌기도 하고 더 와닿았다. 그리고 더 나아가 사람과 사람 사이에 따뜻한 숨이 오가고 소통이 되니 현실의 개인주의와는 다른, 좀 더 밝고 희망적으로 느껴졌다.

2학년 2학기부터 인디고에서 주최하는 정세청세라는 청소년 소통에 장이 있다. 한 달에 한 번씩하며 전국에서도 용기 있는 몇몇 친구들이 이끌어 많은 곳에서 활동 중이다. 이래 이번 년에 창원지역 정세청세가 생겨 기획팀으로 들어가게 되었다. 청소년들이 처음부터 모든 것을 다하기 때문에 어려움도 많지만 역시 돌아오는 보람은 말로써 설명할 수가 없다. 우리 학교 뿐만 아니라 밖으로도 소통하는 방법을 나도 모르게 찾고 있는 게 참 신기했다. 사람이란 게 참 신기한 동물이다. 내가 하려고 하지 않아도 뭔가 필요로 느끼면 나도 모르게 하게 되는 것이 묘한 마술을 부리는 것 같다. 이 말고 어떤 일을 하던간에 억지로 하기보다는 내가 그것을 원하는지 근본부터 찾아서 자석처럼 당기도 전에 먼저 오게 되는 것처럼 움직여야 한다.

쥐띠 그대 이야기

글과 책에 대한 관심이 늘어나면서 진주에서 쥐띠 김용택 선생님의 강연이 있어서 LTI시간을 이용해 4교시를 얌전히 째고 시내와 버스를 타고 달려갔다. 진주 북 페스티벌이 이번에 개최되었는데 생각보다 잘되지 않았던지 전화로 예약할 때 무척이나 반가워하셨다.

2시까지 가야 되는데 알아보고 간 곳과 달라서 많이 헤매기도 했다. 다행히 2시 정각에 맞춰서 도착하니 사람들이 생각 외로 많이 없어서 좀 놀랬다. 원래 김용택 선생님 팬 분들이 80명이 오기로 했는데 비가 많이 와서 늦게 오신다고 기다리는 동안 섬진강 책에 사인하나 받고 같이 이야기도 좀 나누었다.

내비게이션 없이 전주에서 진주까지 이 강연을 위해 달려 오셨다. 김용택 선생님의 숨소리와 말소리 하나하나 빠지지 않고 듣기 위해 집중에서 듣게 되었다. 선생님의 섬진강 주위마을에서 태어 나셨다. 덕치초등학교를 졸업하시고 덕지초등학교에서 26년간 2학년만 주구장창 가르치셨다. 2학년만 가르치면 질릴 만도 하고 귀찮으실 수도 있는데 그저 좋으시고 한다. 2학년 아이들은 어디 갔다 놔도 모두 자기 것인 마냥 가지고 논다. 그 아이들에게는 세상 모든 것이 신비하고 재밌게 논다. 학교에서는 살았던 세상과 살고 있는 세상을 공부를 한다. 그것보다 우리는 생각을 일으키게 하는 공부를 해야 하고 그들에게 필요한 것이다. 게다가 꼭 아이들이 선생님한테만 배우라는 법 없다. 선생님도 아이들에게 배울 것은 배우고 감동을 받아야한다. 2학년 아이들을 보면 사는 것에 진정성을 보여준다. 쥐띠 그대는 아이들에게 보고 듣고 생각하고 표현하는 것을 가르치셨다. 눈을 뜨자마자 보고 관심을 가지고 자세히 유심히 봐야 된다. 그것들을 좀 더 생각하고 표현하는 것이 글쓰기와 그림을 그리는 것이다. 하나를 자세히 봐야 다른 것을 볼 때도 자세히 보게 된다. 그래야 그게 무엇인 줄 알고 이해가 되고 내 것이 되고 인격이 생기는 것이

다. 아이들은 싸우면서 크는 말이 틀린 말이 아니다. 싸우는 도중에 생각이 일어나고 그 생각을 논리적으로 정리하는 것이 그들의 삶인 것이다.

옛날에는 소쩍새로 흉년인지 아닌지 알 수도 있었고 농민들은 자연의 이치로 인해 지혜롭게 농사지으며 살았다. 그만큼 우리 사회의 자연은 없으면 안 되는 소중한 것이다. 자연은 완벽하다 그리고 새롭다. 모든 것을 다 수용하고 마음의 벽을 없앤다. 보는 것만으로도 감동을 느끼고 그것이 예술이 되고 살아 숨을 쉬는 생명력이 생기고 그것이 자연이다.

일상 모든 것이 시이고 어머니 말씀을 받아쓰면 그것이 시가 되는 것이다. 시를 이해하면 세상을 이해하고 좋은 사람이 된다. 세상에서 가장 잘 사는 사람은 남 이야기를 잘 듣고 내 생각과 행동을 바꾸는 것이다. 또 자기가 하고 있는 일, 사소한 것 하나하나 유심히 보야하 한다. 심지어 살림을 하는 것도 하나의 예술이다. 이렇게 하다보면 살림이 편해지고 하는 일이 잘 풀리는 것이다.

마지막으로 중요하게 생각해야 할 4가지가 있다. 첫 번째로 공부를 해라. 공부는 습관과 버릇이다. 두 번째로 예술에 관심을 가져라. 그림을 알면 재미가 있어지고 우리가 사는 세상을 자세히 보는 눈이 생기고 깊게 들어가면 예술을 표현할 수 있는 능력이 생긴다. 세 번째로 환경을 중요시 여기자. 네 번째로 인간으로써 책을 읽으면서 살라. 인간은 창의적이고 창조적인 일을 하며 생각하는 동물이다. 생각을 하기 위해서는 책을 가까이 두고 읽어야 한다.

누가 가라 해서 간 게 아니라 우리 스스로 찾아가서 쥐띠 그대의 숨소리를 들으니 신기하기도 하면서 꼭 내가 대학생이 되어 대학교에서 강연 듣는 그런 느낌도 들었다. 초등학교 교과서에 심심하면 나오던 시, 내가 처음으로 가진 꿈이 시인인 이유도 김용택 선생님의 짧고 재밌는 시를 본 이유이기도 하다. 우리 가족이 함양 시골촌 따귀로 이사를 와서 시간 나면 글과 시를 쓰는 아빠보고 나도 시인 될 거야 하면서 초등학교 일기장에 끄적끄적 동시 썼던 게 생생이 기억난다. 비록 그때는 초등학생에 불과했지만 시인이 되고자 하는 순수한 열정은 누구보다 불타올랐다. 이렇게 시로만 뵙다가 실제로 보니 더 훈훈하시고 내 옛 추억들이 새록새록 떠올랐다. 진짜 시라는 게 어렵기도 하고 쉬운 것이기도 하다

무

백전초등학교 4학년　김 미 지

하늘이 푸를 때
아주머니들이 무를 뽑는다
삽이나 호미로
무 곁 흙을 판다

쑥~쑥
무가 싱싱하나?
미소를 짓는다
웃음을 참고
참다운 무가 되었는지

아주머니 한분이 바구니에서
싱싱한 무 꺼내서
옷에 쓱~ 닦더니
한입 베어 먹으시고
미소를 지으신다

* 가을 때쯤 인 것 같다. 항상 엄마와 나는 여러 채소와 과일들 키우는 것에 관심이 많아 감자랑 고추랑 무랑 이것저것 심는 것을 배우고 옆집 할머님들께 물어 보면서 힘들면 밭일을 서로 같이 일을 했던 적이 많았다. 이때가 할머니들이 엄마와 나랑 같이 무 뽑고 일기장에 일기 대신에 이 동시를 적었던 것 같다.

시라는 것은 내 마음을 함축적으로 담을 수 있어서 좋고 또 그 마음을 다른 사람이 보고 같이 소통을 하고 공감하고 위로하고 느낄 수 있어서 정말 좋다. 나는 아직 어리다. 배울 것도 더 많고 내가 하고 싶은 것도 무궁무진하다. 그러기에 지금 무엇을 시작하기에 늦었다고 생각할지언정 나는 다시 글과 시를 쓰는 것을 시작하려고 한다. 김용택 선생님의 강연을 듣고 글 쓰고 싶은 충동이 더 생겼다. 이렇게 내가 찾아가면서 내 발로 내가 돌아다니면서 배우고 느끼는 것을 이번에 새삼 깨닫게 되었다. 어렵게만 생각했던 시가 좀 더 쉽게 다가온 듯하고 부담받지 않고 친근하게 다가올 수 있도록 도와주셨다. 나도 할 수 있다고, 나도 미칠 수 있다는 것을, 줘띠 그대의 만남으로 내 스스로 용기와 자신감 더 생긴 것 같아 기쁘다!!

인문학을 배우다

고등학교 2학년 때부터 글을 쓰기 시작해 문학에 관심을 갖게 되었다. 책을 읽을 때도, 영화를 볼 때도 더 생각하며 보게 되었고 내가 참가할 수 있는 북토크나 문학관련 축제나 행사가 있으면 참가하게 되었다. 그 중 정세청세라고 부산 인디고 성원에서 주최하는 청소년들이 소통할 수 있는 장을 만들었다. 전국에 지역별로 있고 한 달에 한번 주제에 관련된 지식 채널e를 보고 함께 이야기 한다. 나는 매번 가까운 부산으로 가다가 창원지역에 새로 생겨 2012년에는 기획팀으로 활동하게 되었다. 참가자로 가는 것보다 기획팀이 더 흥미로웠고 더 많고 다양한 친구들과 함께 이야기한다는 것이 너무 좋았다. 청소년들이 처음부터 모든 것을 다하기 때문에 어려움도 많지만 역시 돌아오는 보람은 말로써 설명할 수가 없다. 우리 학교 뿐만 아니라 밖으로도 소통하는 방법을 나도 모르게 찾고 있는 게 참 신기했다. 사람이란 게 참 신기한 동물이다. 내가 하려고 하지 않아도 뭔가 필요로 느끼면 나도 모르게 하게 되는 것이 묘한 마술을 부리는 것 같다. 이 말고 어떤 일을 하던 간에 억지로 하기보다는 내가 그것을 원하는지 근본부터 찾아서 자석처럼 닿기도 전에 먼저 오게 되는 것처럼 움직여야 한다. 이 뿐만 아니라 파라디소(영화인문학), 북페어, 평화캠프 등 여러 가지로 많은 것을 하기에 쉽게 참가할 수 있고 인문학을 다양하고 쉽게 다가갈 수 있었던 것 같다. 이순일 선생님께서 문학은 밥은 먹여주지 못하지만 따뜻한 이불 정도는 덮어 줄 수 있다고 하셨다. 그만큼 우리의 삶을 더욱 풍요롭게 하고 깊이 있는 삶을 살 수 있도록 해준다.

빌리 엘리어트를 보고

10살 때 대구에서 함양으로 이사 왔다. 주위에는 온통 푸른 산뿐이고 과자 하나를 살려면 30분간 차를 타고 읍내로 나가야만 했다. 산에는 모든 것들이 함께 살아있었고 나와 같은 숨을 쉬고 있었다. 내가 슬픈 일이 있다면 함께 슬퍼해 주고 즐거운 일이 있다면 다 같이 즐거워해 주었다. 가끔씩 밤하늘을 쳐다보면 그렇게 반짝일 수가 없었다. 눈부시게 빛나는 별들이 수도 없이 많았고 곧 내 머리에 떨어질 것 같아 불안해했던 것이 생각이 난다. 또 여름에는 바지 밑까지 시원한 바람이 숭숭 들어와 겨울보다 추웠고 마루에 누워만 있어도 좋은 소리와 냄새에 자주 눈을 감고는 했다. 이런 행복한 날들을 보낸 나에게도 꿈은 있었다. 내 꿈은 시인이었다. 글을 쓰는 것이 너무 좋았고 시를 통해 내 마음을 표현하고 누군가와 함께 공감해주는 것이 너무 신기했기 때문이다. 이런 나에게도 꿈이라는 것이 있었기에 행복했고 누군가 나에게 꿈이 뭐냐고 물어보면 자부심을 가지고 당당히 말할 수 있었다. 많은 시간이 흐른 것도 아닌데 나에게 꿈은 내 미래의 상상력을 돋우게 하였다. 이렇게 꿈은 가까이 있을 때도 있고 멀리 있을 때도 있었다. 그때를 생각하면 그날들이 아름다워 속에서만 마음껏 헤집고 다닌 것 같다.

빌리의 꿈은 발레리노였다. 하지만 가족들의 반대로 포기하려고도 했지만 선생님의 도움과 자신의 원하는 욕망으로 포기하지 못했다. 결국 크리스마스 날 연습실에서 발레를 연습하고 있던 걸 우연히 본 아빠에게 지금껏 연습했던 모든 동작들을 멋지게 보여준다. 여기서 빌리는 누구보다 당당했다. 물론 두려워했던 것도 사실이지만 그만큼 자신이 지금껏 연습해 온 것들에 대한 자신감과 의지를 갖고 있었기 때문이다. 어린 빌리에게 이 용기가 나온다는 것은 정말 놀라운 일이었다. 나는 과연 지금껏 19년 살면서 빌리처럼 누군가에게 보여줄 만큼의 무언가를 가지고 있는가. 내 꿈을 위해 미쳐본 적은 있는가. 아니면 무슨 일은 하였을 때 가슴 벅찼던 적이 있는가. 나는 딱히 재능도 없고 뛰어나게 잘하는 것도 없다. 하지만 내가 좋아하는 것은 누구보다 잘할 수 있고 못하는 것은 열심히 하려고 한다. 이러한 것으로 내 길을 내가 지금도 찾고 있는 것 같다. 후회하지는 않는다. 그만큼 내가 살아왔고 더 많은 것을 배워왔기에 나에게 언젠가 밑거름이 될 꺼라 믿는다.

빌리의 꿈을 위해 많은 사람들이 희생 아닌 희생을 하게 된다. 파업하는 아빠는 빌리를 위해 결국 파업에서 물러나 배신자의 길을 선택하고, 선생님 또한 돈을 받지 않고 틈나는 시간마다 빌리를 가르쳐주는 등 많은 사람들이 주위에 있었다.(비록 엄마는 없었지만) 이들에게 과연 자유라는 것이 있을까? 빌리가 발레 하는 것만큼 행복했을까? 이들에게 자유는 과연 무엇일까? 빌리가 춤을 통해 자신의 꿈을 찾고 자유를 찾는 과정에서 매우 행복했지만 반면에 아빠의 축 처진 어깨는 마음에 계속 걸렸다. 이 사이 간의 무언가가 이 세상의 나의 사이에도 존재하지 않을까? 모두 다 자유를 느낄 수는 없는 것인 걸까?

기아논리라는 것이 있다. 기아가 있기에 우리들이 풍족해하며 살고 있다는 논리다. 정말 말도 안 되는 논리다. 똑같은 사람이고 똑같은 생명인데 어찌 기아라는 것 하나 때문에 고통스러워하고 한쪽에서는 풍족해서 난릴까? 이렇듯 누군가가 희생되지 않고 다 같이 행복해질 수 있는 방법은 없을까? 바로 생각나는 것이 하나 있다. 우리가 한 개씩만 가지고 있으면 되는 것이다. 모두 두 개씩 가지려고 하니 부족할 터이다. 두 개 정도는 괜찮을 수 있다. 하지만 우리는 더욱 욕망하니 과하게 소유하려고 한다. 이런 것을 나누는 것이 가장 쉬운 해결방법이라고 생각한다. 조금만 덜 쓰고 절약하고 나눠주는 것부터 시작하는 것이 첫 발걸음이라 생각한다. 빌리의 이야기보다 극단적이지만 이러한 일들은 우리 가까이에도 많이 일어나고 있다. 자유롭지 못한 우리들, 누구를 위해 누군가가 희생되는 것, 이 모든 것들이 우리가 해야 하는 숙제 중 하나가 아닌가 싶다.

내 삶은 자급자족

사람이라면 누구나 교육을 받을 수 있는 의무와 자유를 가지고 있다. 내 생에 교육은 의무라는 것만 있었지 자유라는 자리는 없었다. 그 의무조차도 초등학교, 중학교, 고등학교, 대학교까지 포함 시켜 사람으로 태어난 이상 이 교육은 무조건 해야 한다고 세뇌되어왔고 그러한 환경에서 태어나서 하라면 해야 되는 줄만 알고 살았다. 이렇게 초등학교와 중학교를 졸업하고 고등학교까지 의무적으로 해왔다. 사람마다 내 인생의 결정적인 순간이 있을 텐데 내 결정적인 순간 중 하나를 꼽으라면 고등학교 진학이라고 생각한다. 물론 의무적인 뜻에서 고등학교를 진학했지만 대안학교를 오게 되어 내 속에 자유라는 자리가 생기게 되어 새롭게 느끼는 감정과 생각들로 하루하루가 복잡했던 것이 엊그제 같은데 벌써 고등학교 생활의 끝을 달리고 있다. 그리고 나는 언젠가는 해야 할 대학 진학 문제를 지금 이 글을 쓰면서 또 고민하고 있다. 처음에는 대학을 가고 싶었고 가기 위해 공부도 나름 열심히 했었다. 근데 내가 왜 대학을 가려고 용을 쓰는지 이해가 되지 않았다. 아무래도 내가 원하는 전공보다는 대학 캠퍼스, MT 등에 대한 환상이 있어서 가고 싶어 하는 것 같았다. 이러한 속임의 사소한 것에 매달려 내 길에 방해가 된다면 가고 싶지 않았다. 물질적이고 자본주의의 이 사회는 돈이 가장 중요시 되고 있다. 촌에 가도 돈타령이고 도회지를 가도 돈타령이다. 현재 사람들이 누리고 있는 삶의 풍요와 축복에 감사할 줄 모르고 부정직한 방법으로 서로 소유하려고 하는 욕심이 과해도 너무 과했다. 지극히 개인적인 삶이 되어 버린 우리 사회가 소중한 생명까지 빼앗는 일도 마다하며 더럽히고 있다. 우리가 매일 먹는 밥은 논밭의 쌀에서 온 것이고 그 쌀이 온전한 쌀이 되려면 모를 심고 그 모가 쑥쑥 크려면 흙과 거름 등은 여러 조건이 필요하고 그 중 거름은 우리들의 똥인 것이다. 고로 우리가 매일 먹고 있는 이 쌀도 어찌 보면 우리의 똥인 것이다. 이렇게 돌고 도는 생태적인 삶에서 우리 문화를 매도하고 조상께서 물려주신 21세기의 편리한 시대와 환경을 제대로 받아먹지도 못하고 있는 걸까? 심지어 성스러운 종교적인 곳에서도 돈세탁이 오가는데 이걸 보고 어찌 가만히 있을 수가 있을까? 그렇다고 정이라도 있을까 그것도 아니다. 자신들 살기 바쁜 급급한 이 사회에 조그만 관심이라도 가져주면 감사해야 할 판이다. 나는 열심히 공부해서 돈도 많이 벌고 유명한 사람이 돼야지 하는 개떡 같은 소리는 집어 치우고 자신의 긍지를 키우고 허리 피고 주위를 둘러보며 천천히 나아갈 필요가 있다. 물론 누구의 말도 허락해주지 않은 이 사회에서 발도 내보지 않은 내가 이렇게 말해도 무슨 소용이 있을까 하지만 말을 해도 안 해도 상관이 없다면 난 꿋꿋이 내 목소리를 낼 것이다.

최근에 한 대학생이 대학등록금을 내지 못해 대출을 했다가 큰 빚이 생겨 자살했다는 기사를 볼 수 있었다. 자주 나오는 기사에 다가 마찬가지로 '내가 아닌데 뭘?'이라는 말잡이로 구석으로 떠밀려가고 있다. 이 비싼 대학등록금 때문에 부모님도 허리가 휘고 뒤따라 자녀도 허리가 휜다. 참으로 안타깝다. 지금 세상이 뒤죽박죽이 되다 보니 착하게 살아서는 안 되고 힘으로 살아야 한다는 것이 절대적인 가치가 되어버렸다. 그 힘 중, 교육의 힘은 어마어마했다. 그 힘이 최상의 평가기준이 되며 힘을 얻기 위해서는 친구끼리 형제끼리라도 싸우며 선악의 분별도 하지 못하는 힘의 노예가 되어버렸다. 이것이 돈을 추구하고 그것에 끌리게만 하는 의무적인 이 교육에서 시발점이 된 것 같다. 돈 없으면 인정받지 못하는 이 사회에서 자연스레 묻혀 가는 모습이 답답하기도 하면서 화도 난다. 모순이 모순인지도 모르고 그것에 순종하는 청소년들이 죄일까? 무슨 죄일까? 이런 추악스런 사회, 지금 당장은 모를지언정 언젠가는 우리가 짊어질 죄인 것이다. 차차 풀어 나가기 위해서는 우리는 더욱 분노를 해야 하고 투쟁해야 한다는 것이다. 88만원 세대 책 표지에 이런 말이 쓰여 있다. "20대여, 토플 책을 덮고 바리케이드를 치고 짱돌을 들어라!" 그렇다. 우리의 삶을 더욱 기름지고 깊어지기 위해서는 토플이 아니라 짱돌인 것이다. 어떤 식으로든 상관없다. 더 사회적이고 정치적으로 자신들의 목소리를 가지려고 할 필요가 있고, 그들의 요구가 조금이라도 새로운 반전의 계기를 찾을 수 있도록 짱돌이라는 도구는 우리에게 필요한 존재다.

한 해에 이러한 교육(대학 진학)문제로 청소년들이 수 없이 자살을 한다고 한다. 가끔 인문계 친구들을 만나 수다를 떠는데 알도 없고 재미도 없다. 다들 성적 아니면 돈 이야기다. 대안학교를 다니고 있는 나의 학교생활을 이야기하면 매우 흥미를 가지지만 거기서 끝이다. 자기 할 말만 하면 장땡이란 뜻이다. 그래서 일부러 시간을 만들어 약속하는 일은 거의 없다. 가끔 전화가 오면 반갑게 받아도 "야, 어디 알바 할 때 없나?" 이 말 뿐이다. 조금이나마 달랐으면 했던 내 친구들마저 개미지옥으로 들어가 버렸다.

과연 미래를 이끌어야 할 청소년들이 삭막한 교육에 자유가 있다는 것을 알까? 알고 있더라도 자유를 느끼면서 교육을 받는 청소년들이 과연 몇이나 될까? 아마 모든 사람들이 교육에 자유가 있다는 것을 안다면 대학등록금 문제, 계속되는 자살 문제, 지금 크게 문제되는 학교폭력은 거뜬히 해결될 것이다. 나는 치고 박는 경쟁 속에서 개선방안을 찾아가며 최소한 우리들의 숨 쉴 공간을 마련할 것이다. 꼭!

이것이 모든 것이 나를 생각을 할 수 있게 해주었고 글을 쓸 수 있게 되었던 원동력이 된 것 같다. 원래 대학의 본질은 자신의 전공에 더욱 더 공부, 연구를 할 수 있게 도와주는 기관이라 할 수 있다. 하지만 지금의 대학교들은 돈줄로 밖에 보이지 않는다. 물론 도움이 될 수도 있지만 한 해에 1억씩 드는 그런 대학 갈 바에 더 배울 수 있는 '밖'으로 나가 몸소 경험하고 싶다. 게다가 만약 대학을 가서 내 소신대로 내 할 것만 열심히 한다면 상관없지 않냐 해도 이렇게 큰돈으로는 정말 부담이 된다. 차라리 이 돈 받아서 대학이 아닌 내가 하고 싶은 것을 하는 것이 더 나을 것 같다는 생각이 든다. 또, 꿈이 의사, 판사이거나 한 때 내 꿈이었던 특수교사라면 대학을 가야한다. 지금 이 현실에서 이러한 꿈을 이루려면 대학을 거쳐야 한다는 것이 사실이다. 최초로 내가 대학을 안 가고 특수교사가 되려고 꿈을 꾼 적이 있지만 역시 현실에서는 쉽지 않을뿐더러 글 쓰는 것이 더 좋았기에 어쩔 수 없었다. 그렇다. 이렇게 말만 할 수밖에 없는 나이기에 더욱 대학을 거부한다. 점점 요원해지고 있는 사회, 그리고 조그만 사람 관계까지 가깝게 만들려면 내가 먼저 변할 수밖에 없고 작지만 희생할 수밖에 없다. 오직 대학만이 길이 아닌 것을 보여주고 싶다. 나는 커서 꼭 성공할 거다. 권력과 명예의 성공이 아니라 단지 내 소박한 삶을 이룰 것이라는 다짐이다!

지금부터가 시작인 것 같다. 대학을 가지 않는 만큼 나에게 시간도 많아지고 기회도 많아진다. 내 발로 뛰는 청춘의 길이 얼마나 신나고 두근거리는지 정말 기대가 된다.

첫 번째로 하고 싶었던 일이나 알바를 하며 돈을 벌고 싶다. 사실 돈이 목적이 아니다. 다들 돈이 세상의 전부고 돈의 아래에 지배당하고 있다고 나는 절대 그렇게 살지 않을 것이다. 돈은 우리가 필요로 하는 것을 충족시키기 위한 하나의 도구일 뿐이다. 내가 쌀이 필요하다면 내가 키우고 있는 배추랑 바꾸면 되고 내가 배추가 필요하다면 조금의 일을 도운 후 수당으로도 받을 수 있는 것이다. 물론 쉽게 생각해서 이렇게 말하는 것일 수도 있다. 그래서 나는 먼저 경험을 해보려고 한다. 내가 원하는 최소한의 돈은 벌고 싶고 그 과정을 통해 무언인가 배울 수 있을 것 같기 때문이다. 서점에서 일하며 하루 종일 책과 글 속에 빠지고도 싶고 저기 외딴 섬마을에 배 일손을 도우며 배 위에서 라면도 후루룩 먹고 싶고 카페에서 일하며 커피 타는 일도 배우고 싶다. 다들 부모님이 친환경 양계업을 하시는데 집에서 해도 되지 않겠냐고 하지만 개인적으로 닭은 별로 안 좋아한다. 이렇게 처음에는 돈도 벌며 사소한 것부터 경험해보고 싶다.

두 번째로는 평소에 배우고 싶었던 것을 배우고 싶다. 중학교 때 단소와 장구, 꽹과리 등 여러 국악을 배웠지만 대회나 나갔지 별 도움은 되지 않았다. 이것들이 도움이 될 때가 있었는데 인도나 태국 등 다른 나라로 갔을 때 우리의 국악은 돈이나 다름없었다. 거기서 부는 단소는 마치 옥구슬이 구르는 소리같이 굉장히 맑고 몇 년 묵은 된장처럼 매우 구수했다. 이 소리를 많은 사람들에게 알려주고 싶고 보답하기 위한 하나의 방법이라고 생각한다. 이 뿐만 아니라 옷 만들기, 몸 살림, 인문학 수업, 생태 인테리어까지 배워볼 것이다. 내가 무엇을 할지 확실하게 답을 낼 수는 없지만 할 것은 많다는 것, 좋아하는 것은 많다는 것은 확실하다. 그리고 아직 세상은 따뜻하기에 나를 도와줄 많은 사람들을 믿고 있다. 가까이에 있는 가족부터 선생님, 그리고 친구까지 함께 하고 싶다.

세 번째로 여행을 가자, 그리고 나누고 싶다. 내가 배운 것들과 가지고 있는 것들을 여행을 통해 많은 사람들과 나누고 싶다. 여행을 가지 않은 이는 가까운 곳이라도 한번 떠나보면 알게 될 것이다. 솔직히 처음에는 생각나지도 않고 왜 가야되는지도 모르겠고 귀찮기도 했지만 지금 나는 이런 일들을 꾸준하게 구석구석 찾아서 하고 있다. 이런 것이 내가 살아가는 동안에 아주 재밌는 것의 한 부분일 것 같다. 무작정 떠나고 만나고 나누고 웃고 하는 것이 나에게 좀 더 익숙해지고 일상이 된다면 하루하루가 정말 행복할 것 같다. 물론 이것도 돈이 있어야 한다. 여행을 간다는 마음먹은 후부터가 여행시작이고 과정이기에 지불되는 비용까지 내가 벌어야 한다고 생각한다.

네 번째로 사람을 많이 만나고 싶다. 나는 태어나서 부모님께 배우고 선생님께 배우고 주위 사람들에게 많은 영향을 받으며 자라왔다. 이 세상에 얼마나 많은 사람들이고 다양한 사람들이 있으며 따뜻한 사람들이 많을지 너무 궁금하다. 19년 동안 정말 많은 사람들을 만나 왔다. 그분들로부터 많은 것을 배우고 더 많은 사람들과 이야기하며 배우고 싶다. 나는 부족한 것이 너무 많다. 다는 못 채울지언정 내가 가지고 있고 배우고 싶은 만큼은 배우고 싶다. 이 배움의 또 다른 방법 중 하나가 사람이라는 것을 잊지 않았으면 좋겠다.

다섯 번째 내 삶은 적어도 자급자족! 내가 입고 있는 옷, 살고 있는 집, 먹는 음식까지 내 손을 거치고 싶다. 지금 우리 가족이 귀농을 하면서 우리 먹을 것은 최대한 농사를 지어 먹는다. 우리 가족처럼 소소히 먹는 반면 지금 시골의 전경을 보면 관행농법으로 대규모 농사를 짓는 사람이 대부분이고 친환경, 유기농이어도 커다란 하우스에 전기와 물을 펑펑 써가며 짓는 농사꾼도 있다. 자연이라는 섭리가 단순한 것이 아니었다. 작은 씨앗아래의 그 세계가 너무 어렵고 알 수 없기에 쉽지 않은 이것들을 함께 하고 싶다. 또 내가 살고 있는 집은 어떠한가. 늦게라도 좋고 언제든지 괜찮으니 후에 내가 살집은 내가 지을 거다. 웬만하면 부드러운 흙과 누워만 있어도 산에 온 듯 상쾌하고 매일 아침이면 따가운 햇살이 비춰주는 그런 집에서 살고 싶다. 여기 옵션으로 환경을 생각하며 사는 것이다. 솔직히 어려운 것도 없고 딱히 시간을 내는 것도 아니다. 내가 살아가는 공간, 환경 정도는 생각하자는 뜻에서 이다.

마지막으로 나에게도 큰 목표이자 꿈이 있다. 꿈이라도 꿔야 내가 할 것이 생기고 어떤 일에 있어서 쉽게 좌절하지 않고 일어설 수 있을 것 같았다. 먼저 작게 마을찻집을 해서 내가 키운 작물로 차를 만들고 때로는 사람들끼리의 소통공간이 되기도 하며 가끔은 마을사람들과 작은 음악회도 하고 집처럼 편안하게 책도 읽을 수 있게 꾸리고 싶다. 여기서 더 나아가 마음이 맞는 사람들과 함께 연대하여 공동체 마을을 만들어 함께 살며 꿈꾸고 싶다. 조용하고 평화로운 인도의 오르빌이나 어린이 공화국 벤포스타와 같은 조금은 이상적이지만 현실가능성이 충분하고 누구든지 함께 꿈꿀 수 있는 그런 곳을 만들 것이다.

내가 너무 큰 욕심을 내는 것이 아닌가 싶지만 내가 그만큼 포용할 수 있고 이겨낼 수 있게 자신이 있다. 서영남 선생님께서 행복은 내 생명, 내 청춘을 팔고 덤으로 받는 거라 하셨다. 주위에서 멍청하게 보는 사람들이 있는데 이게 내 천성이고 행복의 길이니 어쩔 수 없는 것 같다.

내 자신에게는 혹독하고 힘들어할지언정 남에게는 베풀고 나누는 너그러운 사람이 되고 싶다. 어려운 일이지만 내가 살아가면서 새롭게 만나게 되는 무언가를 두려워하지 않고 용기 있고 당당한 사람이 될 것이다.

많은 것을 소유하지 않고 쉽게 놓아주는 것을 목표로 하며 내가 필요하지 않은 그것은 쉽게 포기하며 나의 인성과 가치관은 더욱 질고 깊을 수 있도록 살고 싶다.

항상 자연과 함께 하며 생명 하나하나에 숨을 불어 넣어 작은 것도 존중하며 세상을 바라보는 눈, 코, 입을 더욱 발달시켜 새로운 관점에서 볼 수 있도록 할 것이다.

그른 일에는 분노하고 투쟁하며 함께 하는 동지들과 사이좋게 연대하고 싶다. 말보다는 행동으로 조금 더 앞서는 사람이 될 것이다.

내 밥상 위는 늘 소박히 먹으며 쌀 한 톨에도 감사함을 느끼고 아껴 쓰고 나눠 쓰는 것을 습관으로 들이고 욕심 부리지 않으며 낭비하지 않은 사람이 될 것이다.

시

김 미 지

가을 하늘

지난 여름날
철푸덕 철푸덕
강 피리 따라 형제자매 맺었던 날
집에 돌아오는 길 니놈과 싸웠다

햇볕이 내리 쬐고
가을바람이 부니
따뜻한 바위 위에 누웠다

그림자 따라
논두렁 따라
포근한 갈대 밭 위에 누웠다

하늘은
메밀 차 같이 구수하고 따뜻하나
오늘 따라 허전한 이 하늘

혼자서 보기엔 아깝다
너랑 볼란다

감자이야기

늦은 봄 마을 이장님께 감자 씨를 받아 두더지 몫까지 참 많이 심었어. 그리고 모든 것이 흘렀지. 싹이 났어! 아기의 탄생처럼 작지만 너무 소중했지. 반면에 싹이 나지 않은 것도 있었어. 심을 때는 아빠가 구슬땀을 흘리고 엄마 손마디가 퉁퉁 부을 정도로 거름도 주고 아침저녁으로 인사도 했는데 말이지. 미운 마음에 흙을 헤집고 보니 짧고 굵은 줄기가 우뚝 솟아 있었어. 단단한 뿌리를 갖기 위해서는 시간과 때가 필요한 건데 너무 일찍 급하게 들춰버린 거지. 참으로 미안했어. 스스로 끝까지 할 수 있었는데 말이지.

조금만 기다릴 걸 그랬나봐.

안개

결국 걷어졌다
결국 지나갔다
안 들렸던 목탁소리도 들리고 굳센 낙숫물소리도 들린다
창호지 구멍 사이로 시래기 국 냄새도 나고 쌀쌀한 산바람도
함께 온다
이들도 시간에 따라 바뀌고 또 변화되는데
난 과연 무엇을 했을까
결국 이렇게 될 것 왜 붙잡아 뒀을까
무엇을 해야 할까

고맙습니다

잠시 절에 쉬러 왔는데 따뜻한 아랫목과 공양 밥이 스님 같다
비록 시래기 국에 김치뿐 이지만 어찌나 잘 넘어가던지
부담스런 학교 급식보다 맛있다
어젯밤 오랜만에 아랫목에 자려니 갑갑해 문을 살짝 열고 잤더니
아침에 목이 멘다
덕분에 하루 종일 밖에 오래 있지도 못해 힘없이 들어와 누워
눈만 감고 있었다
일어나니 해는 서산에 지고 눈 비벼 책을 읽고 있으니
"안에 계십니까?"
"네."
"밖에 우유 놓고 갑니다. 드십시오."
"고맙습니다."
얼굴 비추지도 않고 염치없게 양반 같이 목소리만 내밀었던 게
후회가 된다
절에 오고 해가 두 번이나 졌는데 스님께 인사도 못 드린 게 또
후회가 된다
학교에서는 안 먹고 굴러다니는 우유 보면 그냥 지나치곤 했는데
오늘따라 이 우유가 어찌나 반갑던지
정말 내 소원 하나 푼 것처럼 소화가 잘 된다
오늘 밤은 좀 더 편히 잘 수 있겠다

그 날

구겨진 쓰라린 마음 안고
앞도 보이지 않은 채
메마른 입 굳게 닫아
좁은 골목 들어선다
어우러 만지는 밤꽃도
나보다 더 끈질기게 사는 들풀 하나도
반갑지 아니하고 무심히 흘겨 지나간다

어디선가 길고 긴 신음 소리가 나다

지울 수도 없고 버릴 수도 없는 그것
절망스레 발길질 당하는 나의 애달픈 그것
언제 살아 돌아올 수 있을까

눈 매운바람 앞에서도 꿋꿋한 망부석 같이
그것, 언제쯤 일어설 수 있을까

그 순간이

꽃이 떨어지고 살아도 알아도 서투른 시간
빈방에 몰래 앉아 잠들어 버렸다
검은창 아랫도리는 달빛이 문을 열고
꽃가루별이 박혀있고 고된 자들의 눈을 잠잠하게 감겨준다
태봉천 따라 녀석들은 꿈속까지 어른거리게 지부려댄다
어느새 눈감고 자고 있는 친구는 다행히 깨지 않고 참 곤히도 잔다
빛 따라 흙냄새도 난다
목탁소리처럼 맑고 청량하다
그리고 눈을 감는다
내일이 되면 또 싱글싱글 거리는 아침 햇살도 보이고
그 녀석들의 소리도 사라지겠지
마치 책속에 나왔던 동화처럼
마치 영화에 나왔던 부드러운 장면처럼
그냥 그 순간이 행복한 거겠지

그 들

원래 벌레들은 낮에도 밤처럼 우는데 그 울음은 그들에게 잘
들리지도 않지
주위의 시끄러운 소음에 의해, 그래서 고요하고도 조용한 밤에
실컷 울지
그들이 너무 미워 서러운 만큼 더 크게 울지
그 서러움을 알아주고 들리게 하기를 바라는 거

돈

내가 과연 자유로워질 수 있을까
내가 과연 탈피할 수 있을까
마냥 두렵기만 하다
너 때문에 내가 도피하게 되고
현실을 부정하고 싶지만 닥쳐오는 건 또 다시 현실뿐이고
내가 지금껏 서 있게 한 것도 너고
내가 지금껏 숨을 쉬게 하는 것도 넌데
왜 이렇게 숨이 턱턱 막히는지
괜스레 기침이 나네

모든 것이 아름답다

인도의 소처럼 조금 찬찬히 걸어보자
한숨 돌리고 주위를 둘러보자
모든 것이 아름다워 보일 때가 있다
매연과 경적소리는 맑은 구름 따라 어디 간 듯 청현하다
모든 것이 아름다워 보인다
골목골목마다 한복판에 자리 잡고 있는 소똥마저 아름다워
보인다
소처럼 조금만 찬찬히 걸어보자
모든 것이 아름다워 보일 때까지…

- 메한가르성에서 일출을 보며 -

몰래 기숙사 잔류한 날

두 손으로 겉옷을 꼭 싸매도 이 추운 날씨에
집은 산턱이니 못 가고 눈 붙일 곳조차 없어
오랜만에 대구 할머니 집에 나가야지 하고
기차표를 끊으려니 자리가 없단다
"입석이라도 드릴까요?" 물으니
입석까지 끊어서 대구가기는 좀 망설여진다

하늘은 어둡고 땅은 밝다
다가오는 크리스마스의 캐롤이 들리며
연인들이 슬쩍슬쩍 지나간다
이렇게 벤치에 앉아 사람 구경이나 해볼까 하고
엉덩이를 붙였는데 역시 편치 않다

다시 잘 고민을 한다
어떻게든 어디서든 잘 건데 이렇게 고민하는 것도 힘들다
버스를 타고 되돌아간다
가슴 한 쪽이 콕콕 찌르지만 발걸음은 멈추지 않았다
30여 분 타니 낯익은 게 보인다
주말마다 보이는 저게 참 싫었는데
저 빛이 있어서 무서움이 사라졌다

버스에서 조심스레 내렸다
중학교 시절 영어 말하기 대회에 나갔을 때보다
더 긴장되고 눈물이 나려고 했다
둔한 몸 이끌고 한 번에 훌쩍 뛰어 좁은 창문을 넘어
슬그머니 들어왔다
한숨 쉬고 두 숨 쉬고 세 숨 쉬었다
자려고 눈을 감으니 잠이 안 온다
바람소리와 함께 자는 이 밤이 너무 고맙다

부부

한결같은 시간과 일들
누구 하나 심한 감기 걸려
"몸 관리 좀 해라."
티격태격해도 둥근 달 지고 둥근 해 뜨면
서로 기침하며 따뜻한 차 한 잔 건넨다

서울 사람 하나 구경하기 힘든 그곳에서
무엇을 더 바라고 원할까
그냥 둘 만에 행복과 믿음 우물 안에 푹 빠져 사는 거 아닐까

이른 새벽
자신들 밥 대충 챙겨 먹고
자식들 밥 한상 차려 주러 달려간다
자식이 많아 자식 걱정은 끝도 없이 한다
그러고 꼬박 반나절이 훌쩍 지나야
따뜻한 방바닥에 한숨 눕는다

가끔은 힘들고 괴로울 때마다 주름이 하나씩 늘어나지만
정도 늘어나고 사랑은 더 늘어난다
재미없는 개그며 촌스러운 말투는 똑 닮아 여전하다
사소한 행동에도 감사하고 서로 걱정한다
남은 인생, 같은 길을 함께 가고 함께 숨을 쉬고 두 손 꽉 잡고
가야할 그 둘

세상의 둘 만에 행복과 믿음 우물 안에 푹 빠져 오래 살기를…

비

교회 옆 작은 물가에 염소 두 마리가 목이 꺾이도록 풀을 찾고 있어. 가벼운 이슬이 내려와. 저녁 해는 느려. 아직 물속은 훤히 보이고 빠르게 오르다가 휘감는 산비둘기 따라 봄바람은 잎처럼 날리네. 다시 내려가는 늦은 밤비, 입맛을 다시 돋우네.

비행기 뜨기 오 분 전

비행기 뜨기 오 분 전
친구들의 전화와 문자가 끊어지지 않는다
어디 멀리 오랫동안 떠나는 것도 아닌데
헤어짐이 아쉬운지
걱정이 되는지
내 목소리를 붙잡는다
방학은 길고 누구 얼굴은 얼마나 보고 싶던지
고등학교 3년 동안 가족만큼 정들었다고
이리도 떨어지기 참 힘드네
근데 어쩌냐
조금만 있으면 붙어 있을 날도 얼마 안 남았는데
괜스레 울컥한다 또

상처

반은 죽어 있고
반은 살아 있다
죽은 반은 살려고 힘쓰지만
한번 지나간 그 뒤로는 또 다시 상처가 나고 만다
살아 있는 반은 파릇파릇 잘도 산다
모르고 맘껏 피어오르는 그것들…

실망

실망이란 이 두 글자를 모르고 살았던 16년
실망이란 이 두 글자를 알고 살았던 3년
16년간 앞만 미치도록 밟아왔던 나는 정말 아무것도 몰랐다
그리고 3년이란 새로운 시작에 너무 감사했다. 또 후회했다
장난기 많은 우리 청춘 속의 오가는 말에
실망이란 말을 듣는 순간 그 마음이 진심이듯 믿게 되고 아파했다
폭풍처럼 휘모는 여자들의 수다 속에서도 비춰지면
그 세 담담해진다
웬만하면 신경 쓰지 않는 말들이 어찌나 꽉 박던지
이제는 빠지지도 않는다
사람에게 버림받는 것, 세상한테 버림받은 것만큼
정말 아렸다
이것이 얼마나 큰 것을 휘모는지

아주 잠시만

너무 혼란스럽다
오늘은 아무 생각 없이 앞이 안보였으면 좋겠다
점점 붉어지는 노을 따라 함께 붉어지고 싶다
이게 옳은 건지 정의로운 건지
그냥 세상이 복잡투성이다
성인을 코앞에 두고
넘어야 할 산은 너무나도 높고 험난하다
또 때라는 것을 기다려야 하나
아님 물 흐르듯이 마음을 맡겨야 하나
겉으로는 누구보다 행복한 내가 보이는데
속은 나뭇가지 끝에 달린 번데기와 같다
아직 어린 청춘에, 할 것은 너무나도 많은데
벌써부터 지친 것 같아 등 뒤로는 땀이 흘러내린다
삶에 있어서 근시인 내가 조금이라도 뒤쳐질까 싶어
지금처럼 잠시 숨도 고르지 못한 채 쫓기듯 앞서 나가려고
만하는 인생을 살면
어쩌면 내 인생의 전성기는 없을지도 모르겠다

어른과 아이

한시라도 돈을 벌려고 바삐 움직이는 어른
얼굴에는 근심 한바가지 몸은 돌 한바가지
처진 눈으로 꽉 막힌 세상 한번 보고
빠른 걸음으로 앞만 돌진한 이 세상 속의 어른
옆 사람을 의심하고 질투하며
내가 아닌 다른 나로 감추려고만 하는

한시라도 돈을 버는 방법을 배우는 아이
명예와 부가 아닌 행복의 파란 새를 바라며
웃으면서 소리도 치고, 사소한 것에 감동도 받으며
살아 있는 눈으로 진실 되고 넓은 곳을 보고
찬찬한 걸음으로 뒤에 있는 친구도 기다려보고
단지 소박하며 쑥 같은 순수한 그것 속에 사는 아이
내가 아닌 다른 나를 찾으려고만 하는

언제쯤이면

거뭇한 도회지의 아이들은 겨울을 손꼽아 기다린다
오직 희망 같은 눈이 오기를 기다리며
손끝에 물들인 봉숭아가 아직 있는지
눈을 뜨면 세상이 하얗게 변했을지
자꾸만 들먹거린다
시린 눈이 아이들의 언 마음을 녹이며
어제 싸운 동생이랑도 한마음으로 만들어 버렸다

노심초사하며 내일 어떻게 읍 나갈까 잠 못 이루는 안댁 할머니
촌에 눈이 오면 반겨주는 건 강아지뿐이다
고거 하얗고 순한 것을 보는 것은 참 좋지만
고생길이 훤해 마냥 달갑지는 않다
버스가 오는지 안 오는지 전화기만 붙들다
결국 포기하시곤 마늘이나 까신다

언제쯤이면 모두가 반가워하는 겨울이 올까

여름이면

여름이면 모든 것이 푸르러진다
우리 집 마당에도 푸르러진 것들이 뒤엉켜있다

"엄마 앞에 풀 좀 정리해야 되지 않나?"

"저거 풀이 아니라 토마토, 오이, 고추랑 가지다!"

"아 근데 왜 저렇게 구분이 안 가는데?"

"그래도 저것들 먹을 거 천지다."

올해도 이것저것 심어놓고 씨 값은 나왔다고 좋아하신다

특히 토.마.토

외로운 돌멩이 하나

학교 가는 길에
지름길로 갔었지

길 한복판에
동그란 돌멩이가 있었지
나보고 가지 말라는 소리인가?

어!
돌멩이는 내가 싫은가봐
하지만 돌멩이를 치워주고 갔지

이제는 지름길로 가면 안 되겠다
돌멩인 내가 싫은가봐

- 초등학교 때 -

운명(역마를 읽고)

누가 당신에게 이런 운명을 주었는지 모르겠소
하지만 이 운명 또한 당신 것이오
당신이 만든 것이오
당신의 인생 운명은
북동쪽 산 계곡을 구름처럼 누비고 다니는
호랑지빠귀처럼 구슬퍼 보이기도 하오
만손 이것이 당신의 운명이라면 새 손님의 자회資賄처럼
곤히 받아들이는 것이 진리이오리다
당신의 그 마음을 바위처럼 단단해져
마음 깊숙이 묻어가리오
그 호랑지빠귀 같은 마음
언젠가는 추스르고
남은 그 인생 순탄하게 가길 바랄 뿐이오

인제 알겠다(인제 알겠더라)

달린다 정각 9시
기숙사 천장에 오순도순 붙여있는 야광스티커가 빛을 발휘할 시간
모든 만물이 색색거리는 숨소리가 귓가에 맴도는 시간
발의 소심한 신호에 하늘 바라보니
겸손한 벼들이 반겨주고 손톱과 같은 달이 스쳐주니
점심시간에 맞춰 꼬리한 냄새가 창문 틈새로 들어 올 테며
인상 찌푸리고 얼른 씻으라고 소리치던 나인데
그래도 아빠는 땀 냄새가 세상에서 제일 좋은 향기라신다
내가 달려보니 알겠더라
그 꼬리한 냄새가 가장 향기로운 꽃과 같다는 걸
이제 웃으면서 달린다
아빠 냄새가 난다

인연

갈 곳도 없으면서 괜히 바쁜 물새의
어느 가을 밤
내 마음 한 곳이 휘영할 때
지나가는 그 누군가가 너를 잡아
눈과 눈이 마주치는 순간
그게 인연이라는 것이다

김미지

장미 한송이

우물가에 물 뜨러 간 아가씨는
조그마한 이슬 먹고
기지개를 핀 장미꽃을 보았지요

돌 틈에 끼여 겨우 일어났지만
세상이 무엇인지
꽃은 고개를 흔드네

바람은 꽃에게
가르치고 있나봐
고개를 끄덕이기에

- 초등학교 때 -

지렁이

비가 왔는지 나가보니 옷이 축축해진다
분명 초등학교 때만 해도 달팽이도 보이고 지렁이도 보이는데
점점 사라지는지 영보기 힘들다
바닥에 두리번거려 보니 진짜 없다
방에 들어가 찰나에 내 발밑에 팔뚝만 한 지렁이가 있었다
하마터면 밟혀 죽을 뻔 했다
한숨 놓았다
죽었는지 살았는지 밟으려고 했는데 괜히 찔려
작은 나뭇가지로 살살 건드려 보았다
오물락 거리면서 움직인다
한숨 놓았다
가라고 말해도 꿈쩍도 안한다
이렇게 똥꼬집 지렁이는 처음 봤다
그래도 여기는 위험하니 조심스레 흙 속으로 옮겨주니
고맙다고 스르륵 간다
한숨 놓았다

친구

친구야
네가 지금 서 있는 곳은 단지 땅 위가 아니라
세상 아래 하늘 위다
젖은 밤과 함께 살고 감춰진 노래 한소절도 들린다
이런,
또 깜깜한 밤하늘의 숨은 별이 나타났구나
반딧불의 울음소리도 놓여있구나
이것도 나긴 나구나
저것도 너긴 너구나
결국 끝내 살긴 살아야겠구나

행복한 날

여느 때 보다 좀 더 고요하고
여느 때 보다 좀 더 차분해졌습니다
온 세상이 자물쇠에 잠긴 것 같이
오늘따라 갈라진 갈대들이 잠잠합니다

갈라진 갈대들이
맞바람이 와 춤을 출 때면
마치 엉킨 실 같이
마치 힘없는 벼와 같이
춤 출 때면 또 엉키고 또 쓰러집니다

언제는 돌풍이 장난을 치며
힘없이 춤추고 있는 갈대마저
더 더욱 시끄럽게 놀려대고 가버리곤 합니다

어디서 산들바람 놀러와
하나가 되어 같이 춤추고 있는 걸 보니
여느 때 보다 좀 더 평온해지고
여느 때 보다 좀 더 화목해진 것 같습니다

따뜻한 곳으로 이사 갔던 해오라기들도 오고
산들바람이 놀러와
갈라진 갈대들이 하나 되어 같이 춤을 추니
푸른 하늘이 반겨 줍니다

행복한 날이 왔습니다
갈라졌던 갈대들이 하나가 되는 날,
오늘은 행복한 날인 것 같습니다

제왕나비를 아십니까?

김 연 창

제왕나비를 아십니까?

예전에 비디오 대여점을 하시던 형님가게에 아이들 교육용으로 있던 신비한 동물의 세계라는 비디오를 복사해 둔 적이 있습니다. 그 가운데 제왕나비의 비행에 관한 이야기가 있었습니다.

저는 그 비디오를 보면서 전율을 느꼈습니다.

철새나 연어처럼 태어난 곳을 찾아 여행하는 것은 익히 보고 들어서 알고 있었지만, 곤충 그것도 연약한 나비가 겨울을 나기 위해 그 먼 비행을 하여 목적지를 찾아간다는 것에 경이를 느꼈습니다.

제왕나비는 북아메리카에 흩어져 살다가 때가 되면 멕시코를 향해 모여듭니다. 그 거리는 수천 킬로미터에 이른다고 합니다. 하루에 128㎞ 속도로 3천 2백㎞를 날아가지요.

철새나 연어처럼 몇 년을 사는 동물들이야 어쩌면 학습에 따르거나 아니면 태어난 곳의 냄새를 기억하거나 또는 태양의 고도, 지구자기장을 읽으며 그렇게 먼 곳을 찾아갈 수 있다는 연구결과도 있습니다.

하지만 제왕나비의 경우는 과학자들을 좌절시킬만한 GPS보다 정교한 항해 시스템을 가지고 있습니다. 이러한 비행술은 점진적으로 익힌 게 아니기 때문에 더욱 그렇습니다.

곤충의 경우 생명을 유지하는 기간이 그리 길지 않습니다. 전체 비행거리를 하루 비행거리로 나누면 그 기간이 한 달쯤 걸립니다.

그런데 나비의 수명은 그 정도로 길지가 않습니다. 그래서 날아가다 중간에 교미를 하여 번식을 시키고, 최종 목적지에 도달하는 것은 출발할 때 나비의 손자에 해당하는 녀석들이지요.

그 동안 나비는 부모나 어떤 교육방법으로도 여행법을 배운다는 증거는 전혀 없습니다. 컴퓨터 과학자들은 정보란 아무리 오랜 기간이 지나더라도 저절로 생기는 법은 없다고 정의합니다. 정보를 주는 자(만든 자)가 없으면 결코 저절로 생겨나지 않는다는 것이지요.

어떤 과학자는 제왕나비의 내부에 '정확한 내부 시간 측정기'가 존재한다고 합니다. 태양에 의해 보정되는 생물학적 시계를 가지고 있다고 합니다.

태양은 하늘을 통과하여 일정하게 움직이기 때문에 연약한 나비들이 그것을 보고 위치를 찾아갈 수 있다고 합니다.

하지만 이런 연구 결과에도 불구하고 신비롭기는 마찬가지입니다. 북아메리카를 가로 질러 있는 한 종의 수많은 개체들이 각각 다른 길로 와야만 하는데 어떻게 표준시계로 작동되는지는 알 수가 없습니다. 또한 어떻게 항해 시스템이 세대를 넘어 지속되고 어린 나비들이 목적지를 정확히 찾아갈 수 있는지도 과학적으로 설명하기는 곤란합니다.

나비가 마지막 목적지에 다다르기 전에 아주 큰 호수와 맞닥트리게 됩니다. 그러면 일단 숨고르기를 하지요. 왜냐하면 그 넓은 호수를 단번에 건너가기에 너무 연약하기 때문입니다. 작은 바람에도 쉽게 지쳐서 자칫 목적지를 앞두고 실패할 수도 있기 때문입니다. 그

연약한 나비가 잠시 앉아서 쉬는 나뭇가지는 엄청난 수의 나비 때문에 거의 부러질 지경까지 될 정도입니다. 바람이 거의 불지 않는 순간 한 마리의 나비가 비행을 시작하면 수천만 마리의 나비가 따라서 날아오르는 광경을 보면 말 그대로 전율을 느낍니다.

나비에게도 뇌가 존재하겠지요. 하지만 인간에 비한다면 수 만분의 일에 불과할 겁니다. 그런 인간에게, 만물의 영장이라는 인간에게 그들의 타고난 능력은 경외감을 느끼게 하기에 충분합니다.

어쩌면 우리에게도 그런 학습되지 않은 어떤 능력이 있을 수 있겠지요. 하지만 많은 정보를 외부에 의존해야 하는 현대에 차츰 그 능력을 잃고 있는 건 아닌지 의심해 봅니다.

아이들에게 많은 지식(정보)를 억지로 주입하기보다 그런 능력을 스스로 키워 나갈 수 있도록 이끌어 주는 게 교육이 아닌가 하는 생각도 해봅니다.

냄새 좋은 땀

냄새를 가장 잘 맡는 동물로는 나방의 한 종류가 있는데, 이 수놈은 암놈의 페르몬을 단 하나의 분자 정도만으로도 그 냄새를 식별할 수 있다고 한다. 그래서 수 킬로미터 밖에 암놈이 있는 것을 알 수 있다고 한다. 냄새로 이성의 매력을 느끼게 하는 것은 비단 사람만

이 아닌 것 같다.

인터넷에 떠돌아다니는 설문조사 가운데 남자가 가장 섹시하게 느껴질 때가 언제인가 라는 것을 본 적이 있다. 그 질문에서 1위가 스킨 냄새가 나는 남자라고 한다. 화장품회사에서 공으로 돈을 먹는 것이 아니라면 가만히 앉아서 스킨을 만들지는 않을 것이다. 여자들이 좋아하는, 나아가 여자들이 동물적 감정을 느낄 수 있을 향기를 연구하고 개발해 냈을 것이다.

아이러니하게도 향수에는 미량의 암모니아가 들어간다고 한다. 그 정확한 이유는 잘 모르겠지만, 원래 원시인에게 나던 이성을 유혹하는 냄새는 그리 화려한 것이 아닐 수도 있을 것이다.

아침에 내가 입으려던 티를 가져오던 상민이가 옷에서 이상한 냄새가 난다고 엄마한테 맡아 보란다.

"엄마, 옷에서 꾸리한 냄새가 나요."

냄새를 맡아 보니 진짜 별로 향기롭지 않은 냄새가 난다.

잠시 옷에 코를 대고 기억을 해 보니, 닭장에서 나는 냄새와 같다. 그곳에 있을 때는 잘 몰랐는데, 집에 와서 맡아 보면 냄새가 배어 있다. 한데 그 옷을 어제 빨아서 개어 놓은 것인데 냄새가 난다. 세제를 넣을 빨았을 것인데 냄새가 나는 걸 보면 아마 제대로 세탁이 되지 않았을 것 같다.

어쨌건 간에 위의 인터넷 설문조사를 보건데, 앞으로 나는 여자에게 섹시한 남자로 여겨지기에는 틀린 거 같다.

닭 냄새가 베어나는 것도 그렇지만 원래 스킨이나 로션을 바르는 걸 싫어한다. 로션 한 병 사 놓으면 일 년을 가는지 이 년을 가는지도 잘 모르겠다. 끈적거리는 느낌을 싫어하기 때문에 저녁에 자기 전에는 특히 바르지 않는다. 하지만 스킨은 그런 느낌을 주지 않기 때문에 가끔 바르고 자기도 한다. 그래서 스킨, 로션을 세트로 사면 항상 스킨부터 떨어진다.

나는 내 몸에서 나는 냄새 가운데 땀 냄새가 좋다. 그것도 한여름 땀을 뻘뻘 흘려 옷이 흠뻑 젖을 때 나는 시큼한 땀 냄새를 좋아한다. 하루 종일 그 냄새에 절어 있다 저녁에 샤워를 할 때 그 개운함을 즐기기도 한다.

정확히 말하면 냄새도 그렇지만 노동에서 오는 즐거움이기도 하다. 땀 흘려 움직일 수 있는 일거리가 있다는 게 오히려 복이 아닐까? 섹시한 남자로 느껴지지 않아도 좋다. 노동의 유희를 만끽하는 나날들이 황금같이 좋다.

물은 답을 알고 있다. 『에마토 마사루』를 읽고

우리는 생명의 유무에 따라 생물과 무생물로 구분을 한다. 생명체의 가장 기본적인 단위는 세포이다. 가장 하등동물에 해당하는 것은 단세포 동물이다. 세포는 핵과 세포막, 미토콘드리아와 같은 여러 가지 기본 구성물로 이루어져 있다. 스스로 움직일 수 있고 유성생식이나 무성생식으로 번식을 한다. 이에 반해 물이나 돌, 쇠와 같은 것들은 무생물로 분류를 한다.

하지만 생물과 무생물의 중간 단계로 규정하는 것도 있다. 동물이나 사람에게 치명적인 해를 끼치는 바이러스가 이에 해당한다. 바이러스는 단순한 DNA들의 조합으로 이루어져 있다. 세포가 이루는 여러 가지 구성 물질이 없이 단지 유전인자로만 복제를 한다. 바이러스는 그 크기부터 너무 미세하기 때문에 치명적인 바이러스 질환을 완전하게 치료하는 것이 거의 불가능하다. 가장 흔한 감기 바이러스도 아직 치료약은 없다.

세포의 크기를 수영장만 한 크기로 확대를 한다면 바이러스는 그 수영장 안에서 헤엄치는 올챙이에 해당할 정도로 아주 작은 크기이다. 하지만 스스로 복제를 하기도 하고 자기를 위협하는 물질에 대항해서 변이를 일으키기도 한다.

생명체에 대한 학교에서 배운 이러한 과학지식의 한계를 간단히 뒤집어 버린 책이 『물은 답을 알고 있다』이다. 저자는 얼음의 결정을 촬영하면서 아주 흥미로운 사실을 발견했다. 눈이 내릴 때 여러 가지 요인에 의해 그 결정 모양이 아주 다양하다는 것은 익히 알고 있다. 그와 비슷하게 물도 얼음으로 변하면서 그 결정 모양이 조건에 따라 아주 다양하다는 것을 작가는 알고 있었다. 이런 얼음들의 여러 가지 결정을 촬영하다가 재미있는 실험을 했다. 물을 얼리면서 그 용기에다 여러 가지 말들을 적어 보았던 것이다. 그런데 그 내용에 따라 얼음의 결정이 확연하게 변하는 걸 발견했다.

'사랑, 행복, 웃음'과 같은 사람들에게 듣기 좋고 기분 좋은 낱말을 붙여서 얼린 얼음은 아주 아름다운 결정으로 되었다. 눈의 결정과 같이 대칭을 이루는 가지들과 부드러운 형상으로 우리가 보기에도 아주 기분을 좋게 하는 결정이다.

이에 반해 '미움, 증오, 전쟁'과 같이 혐오감을 주는 단어를 붙인 얼음은 보기에 아주 흉한 결정으로 변해 버렸다. 비대칭적이며 날카로운 결정은 좋은 단어를 붙인 얼음 결정과 확연히 차이가 난다.

과연 물은 무슨 답을 알고 있을까? 우리가 배운 과학 상식으론 수소분자 둘에 산소분자 하나로 이루어진 무생물에 불과한 물이 어떤 의식이라도 있단 말인가. 아니면 그 단어를 써 붙이는 사람의 기가 물에 전사되어 나타나는 현상일까. 물은 답을 알고 있지만, 우리는 그것을 알려면 오랜 시간이 흘러야만 가능할 것이다.

이 책을 읽으면서 사람들이 특정인에게 강한 증오를 하면 그 영향이 미친다는 게 일리가 있다고 느꼈다. '장희빈' 드라마를 보면 중전에게 해를 주기 위해 초상화에 화살을 쏜다던지 인형에 바늘을 꽂는 행위가 전혀 허황된 것만은 아님을 알 수 있었다.

인간도 구성 성분으로 따지면 가장 많은 것이 물이기 때문이다. 사람 몸의 60%는 물로 이루어져 있다. 따라서 강한 의식의 작용에 따라 좋거나 나쁜 영향을 충분히 끼칠 수 있다고 여겨진다.

물이 알고 있는 답은 이런 게 아닐까. 좋은 말에 아름다운 얼음의 결정이 이루어지듯이 사람들이 서로 사랑하고 아끼는 마음으로 대한다면 우리가 사는 세상이 아름답게 변할 수 있다는 것이 물이 전하려는 메시지가 아닐까?
'당신을 사랑합니다.'

권태

소설 『날개』를 쓴 요절한 천재 소설가 '이상'이 쓴 수필 '권태'란 글이 있다. 도시서 나고 자란 이상이 폐병으로 시골로 요양을 가 있을 적에 보고 느낀 걸 쓴 것이다. 땡볕이 내려쬐는 마당 한쪽에서 작은 아이 하나가 사금파리와 풀잎으로 소꿉놀이 하는 것을 가만히 지켜보았다. 십 분이고 이십 분이고 혼자서 빻고 찧고 하면서 노는 걸 바라보노라니 답답하기도 하였던 모양이다. 도시 아이들처럼 나무칼 들고 골목길을 휘젓고 다니는 것도 아니요, 딱지치기, 구슬치기 하며 왁작 지껄하게 노는 것도 아닌 게 도무지 노는 모습이 자폐증 아이처럼 아무 의미 없는 행동처럼 느껴졌던 것이다.

이 수필을 읽고서 반론하는 글을 '박완서'가 쓴 것이 있다. 한 때 텔레비전 프로그램에 좋은 책으로 선정되어 선풍적인 인기를 끌기도 했던 『그 많던 싱아는 누가 다 먹었을까』에 '어린 시절'이란 글에 잘 나타나 있다. 박완서는 이상의 '권태'는 작가 자신이 만들어낸 뼛속까지 서울내기인 감수성이 만들어낸 관념의 유희일 뿐이라고 했다. 박완서는 심심하다는 의식이 싹트고 거기 짓눌리다시피 한 것은 서울로 오고 나서였다고 한다.

> "우리는 그냥 자연의 일부였다. 자연이 한시도 정지해 있지 않고 살아 움직이고 변화하니까 우리도 심심할 겨를이 없었다. 농사꾼이 곡식이나 푸성귀를 씨 뿌리고, 싹트고 줄기 뻗고 꽃피고 열매 맺는 동안 제아무리 부지런히 수고해 봤자 결코 그것들이 스스로 그렇게 돼 가는 부산함을 앞지르지 못한다." - 본문 중에서 -

내가 시골 산골에 들어와 산다고 할 때 가장 많이 받는 질문 가운데 하나가 아이들 교육이 문제가 아니냐는 것이다. 대답은 늘 사실 그 문제 때문에 시골로 들어왔다는 것이다. 친구들이 별로 없어서 심심하지 않을까 하는 게 아직 도시에 살고 있는 이들이 던지는 노파심이다. 하지만 우리 아이들은 권태롭지 않다. 논바닥에 꽁꽁 얼은 얼음을 깨뜨리다가 발이 빠져서 꽁꽁 얼어도 그저 재미나기만 하다. 땔감으로 갖다 놓은 가는 막대기 하나만 주워들어도 칼싸할 생각에 지겹지 않고, 어설프게나마 지게질하는 것도 지들은 놀이다. 여름에는 등하굣길에 아무렇게나 옷 벗어 던지고 도랑에서 물놀이 할 수 있고, 아스팔트에 뱀이 설설 기어 다녀도 건성으로 쳐다볼 정도로 대담해 져서 이제 자연의 일부로 느낄 수 있을 정도다. 이놈이 전에는 파리만 봐도 기겁을 하던 녀석이다.

경이의 눈으로 바라보면 자연이 늘 재미있다. 계절의 변화가 더딘 것 같아도 미세한 변화는 순식간이다. 파릇파릇 순이 돋아나는가 싶더니 어느새 온 천지가 파랗게 물들고 논두렁 물웅덩이 마다 개구리

합창소리가 시끄럽다. 모판에 실파 같던 벼들은 자고 나면 키가 쑥쑥 자라있고 꽃들이 피고 지는 것도 자연의 순서에 따른다.

이렇게 자연에 살다보면 수학공식보다 영어 단어 몇 개보다 훨씬 소중한, 사물을 바라보는 미세한 눈을 갖게 된다. 이는 곧 자기 생을 잘게 부셔 볼 수 있고, 그 삶이 아름답고 귀하다는 것을 알게 하는 밑거름이 될 것이다.

꼴찌에게도 희망을

어느 절에 여러 명의 동자승들이 있었다.

그런데 한 동자승이 너무 여려서 다른 이들에게 놀림거리가 되었다.

매일같이 놀림을 받고 따돌림을 당하자 이 동자승은 점점 우울해져 갔다.

그걸 내내 지켜보던 큰스님이 동자승 모두를 불러 모았다.

그리고는 이렇게 말했다.

"저기 돌담을 유심히 보거라.

돌담이 매우 아름답지 않느냐.

저 돌담이 아름다운 건 많은 돌들이 어우러져 있기 때문이다.

둥글고 예쁜 돌만 있다고 돌담이 되는 건 아니다.

그런 돌로만 쌓은 돌담은 튼튼하지도 않거니와 저렇게 높이 쌓을 수도 없다.

모난 것은 모난 대로, 작은 것은 작은 대로 크고 둥근 돌과 어우러져 저렇게 아름답고 튼튼한 돌담이 되는 거란다.

사람도 이와 같으니라."

그 뒤로는 아무도 여린 동자승을 놀리지 않았다.

한 십여 년이 됐던가?

지금 짱짱하게 잘 나가고 있는 삼성그룹에서 이미지 광고를 시리즈로 내 보낸 적이 있다.

'닐 암스트롱, 찰스 린드버그, 에드먼드 힐러리….'

이들의 이름을 들먹이면서 이렇게 광고했다.

'아무도 이등은 기억하지 않는다.'

그러므로 오로지 일등을 해야 살아남을 수 있다고 반어적으로 광고했다.

그러나 이 말에는 논리적 오류가 있는데, 어느 방송매체에서도 어느 지면에서도 이에 대한 반론을 본 적이 없다. 이는 곧 이 말에 공감하고 그 논리에 동조를 했다고 봐야 할 것이다.

우리 사회 전체가 오로지 일등을 해야만 잘 살 수 있다는 사고방식이 만연해 있기 때문에 그런 현상이 벌어진 게 아닌가 한다.

사실 위의 사람들은 어떤 업적을 '최초'로 이룩한 사람들이다.

'최초'와 '일등'은 엄연히 다른 의미가 있다.

최초의 업적은 인류 역사가 존재하는 한 다시는 깨어질 수 없는 기록이다. 그렇기 때문에 그들을 존경하고 영원히 기억하는 것이다.

하지만 '일등'은 언제든지 바뀔 수가 있다. 그러므로 현재 일등을 기억하는 것은 그리 큰 의미가 없다.

현재 육상 100m 세계 기록 보유자가 누구인지 아는 사람은 극히 드물 것이다.

내가 아는 사실은 88올림픽 때 벤 존슨이 세계 신기록을 세웠는데 약물 복용으로 취소 됐다는 것만 알고 있다.

삼성이 세계에서 가장 집적도가 높은 반도체를 일등으로 만들어 냈다고 누구나 기억해 주지는 않을 것이다.

하지만 세계에서 최초로 물로 가는 자동차를 만든다면 최초의 기록으로 영구히 남을 것이다.

사회의식이 온통 일등에만 관심을 두는 일등지상주의가 널리 퍼져 있으니 이런 엉터리 광고가 나오는 것이다.

그런 삼성이 요즘은 천재 한 사람이 만 명을 먹여 살린다고 광고를 한다.

하지만 인류 삶을 크게 변화시킨 사람 가운데는 결코 천재라고 할 수 없는 사람이 훨씬 많다.

호츠키스를 발명한 '호츠키스'가 없었다면 아직도 불편한 클립으로 종이를 묶고 있을 것이다.

배에 짐을 부리는데 만 몇 날이 걸리던 것을 단시간에 가능하도록 했던 컨테이너 발명가는 평범한 부두 노동자 였고….

석유발견 이후 가장 크게 인류에 영향을 끼쳤다는 반도체를 발명해서 노벨 물리학상을 받았던 '잭 킬비'는 수학성적 미달로 MIT공대에 낙방한 전력이 있다.

대구에서 학원 하던 시절 한 학부형과 상담하던 내용이다.

'우리 학원 누구는 이번에 시험을 잘 쳤답니다. 전 과목에서 세 개 밖에 안 틀렸데요.'

'어머 세 개나 틀렸어요…. 올백은 돼야지요….'

'아~!' 이 말에 어지러웠다.

애들이 전 과목에서…. 족히 수백 문제가 될 터인데…. 그걸 어떻게 하나도 안 틀리고 다 맞길 바라나. 애들이니까 좀 실수도 하고 그런 거지. 다들 자기애들이 천재이길 바라는 모양이다.

공부 좀 못하고 머리 좀 떨어진 사람도 기를 좀 살려주는 사회가 되었으면 좋겠다. 너무 일등만 강조하고 바라니 교육도 어지럽다. 초등학생들 밤 10시까지 학원으로 뺑뺑이 돌리는 사회가 너무 싫다.

나도 학창시절 내내 일등 한번 못했지만 잘 먹고 잘 살고 있다.

(한번 한 적은 있다. 초등학교 5학년 때 여름방학 개학 직후 치는 평가 시험에서 전 과목에서 1개만 틀려서 일등 했다. 그런데 중간고사도 아니고 기말고사도 아니고 해서 기록은 남아있지 않다. 이 엄청난 사실을 틈만 나면 가족들에게 강조를 하는데 증거가 없으니….)

꼴찌에게도 희망을…. 꽃들에게 희망을….

소중한 것들

초등학교 3학년 때만 해도 내 고향 상주 가는 길은 흙먼지 펄펄 날리는 비포장이었다. 가다가 낙동강을 만나면 커다란 뗏목에 버스를 싣고 강을 건넜다. 콩나물시루 같은 완행버스에 시달리면 숨이 턱까지 차오르고 속은 메스꺼워 진다. 인내가 끝에 다다를 즈음 고향어귀에 도착하면 비록 흙먼지 가득 섞인 공기일지라도 반가울 다름이었다. 구불구불한 논길을 따라 마을 어귀에 들어서면 아카시아 나무가 열병하듯 두 줄로 늘어서 있고 야트막한 야산 아래에 옹기종기 모여 있는 집들은 대개 초가였다. 그러나 어느 동네에나 기와집은 한두 채 있기 마련이었고 그런 집은 대개 부잣집으로 알았었다.

그런 곳에서는 아이들의 일상생활에 권태가 있을 수 없다. 주위의 모든 것들이 놀잇감이고, 자연학습을 할 수 있는 또 다른 교실이다. 그 시절 남자아이들이 집안일 가운데 도와주어야 할 것은 소를 뜯기는 것이다. 점심을 먹고 나면 그날 의견을 모아서, 산으로 가던지 아니면 강가로 간다. 산으로 가면 씨름을 하거나 산열매를 따먹는다. 그리고 강에서는 물놀이를 하는데 담을 수 있는 도구 - 없을 땐 고무신 - 만 있으면, 물고기도 요즘같이 약삭빠르지 않아서 쉽게 잡을 수 있었다.

도시아이(나)의 걱정을 비웃듯 해가 기웃기웃 넘어갈 즈음 소들은 기특하게도 주인을 찾아오고 송아지들은 굳이 묶지 않아도 제 어미를 졸졸 잘도 따라다닌다. 먼 산허리에 석양이 빨갛게 물들면 소들을 앞세우고 마을로 돌아오는 길엔 누구하나 서둘러 앞지르려 하지 않는다. 마을에는 집집마다 저녁준비를 서두르고 초가지붕 위로 번져 오르는 연기 때문에 온통 자욱하게 안개 낀 듯 보인다.

풍요로운 저녁마을엔 아이들의 웃음소리가 넘쳐흐르고 간간이 강아지 짖는 소리가 어둠을 가른다. 어둠이 내리면 사랑채 토방엔 30촉 백열등이 희미하게 흔들리고, 그 불빛 아래서 할머니의 옛날 얘기에 아이들은 귀를 쫑긋한다. 오줌 누러 나온 마당 한편 퇴비장에서 바라본 밤하늘에는 은하수가 흐르고 은사시나무 곧은 가지엔 만월이 걸려 있었다.

가끔 일상에 지칠 때에 눈을 감고 상념에 젖어들면 이런 어린 시절 기억들은 장편영화처럼 끊어지지 않고 이어진다. 지금 생각해 보면 이것은 행운이었다. 고향에서 계속 생활해서 고된 일도 많이 했던 사촌형들과 달리 방학 때만 가서 살았던 나는 좋은 경험들만 알토란같이 챙길 수 있었다. 그래서 가끔 고향에 가면 그런 추억을 아이들도 경험할 수 있도록 강가에 데리고 간다. 하지만 멀리서 보면 맑아 보이던 물도 가까이서 보면 예전만 못하고, 작은 다리 위에서 겁 없이 뛰어내리던 모래밭에는 깨진 농약병들이 지뢰처럼 숨어있다. 숨차게 달리다 아무렇게나 마시던 도랑물은 더 이상 갈증을 풀어주지 못한다. 신작로에는 아스팔트 포장이 말끔하게 덮이고, 덩치 큰 농기계가 쉽게 드나들도록 마을 어귀 아카시아 나무는 벌써 잘라 버렸다. 회귀성 연어처럼, 고향을 떠난 사람들이 때맞추어 찾아올 때는 자가용을 몰고 오며, 고행 길 같았던 완행버스는 더 이상 타지 않아도 될 만큼 부유해졌다.

하지만 우리는 많은 것들을 잃어 버렸다. 무엇이 소중한 것인지도 모른 채….

아이들과 생활하다 보면 안타까운 것은 자연을 벗 삼아 뛰어 놀고 그 시간 속에서 스스로 깨칠만한 것들이 없다는 사실이다. 무엇보다도 생각할 시간이 없다. 그래서 예전보다 덩치는 크지만 감성이 메말라 있다. 어른이 되어 돌아볼 만한 추억은 우방랜드에서 바이킹을 타던 것이 아님은 분명할 것이다. 빠른 것이 모든 것을 해결해 주지는 못한다. 때로는 느린 것이 아름답고, 그것이 주는 여유가 그리워질 때도 있을 것이다. '술 익는 마을마다 타는 저녁노을'이라는 시 구절에 요즘 아이들은 어떤 감흥을 느끼는지 궁금할 뿐이다.

살아야 할 이유

적당한 고통은 오히려 우리 삶을 더 빛나게 해 주지요.

중국 역사에서 죽은 사람을 살릴 수도 있다는 위대한 명의라고 하는 이가 둘 있습니다.

한 명은 조조에게 뇌수술을 권했다가 사형 당한 '화타'이고, 다른 이는 '편작'이란 분입니다.

이 편작에게 연료하신 부친이 살아계셨더랍니다.

그런데 죽은 이도 살린다는 명의의 아버님이 계속 해소 기침으로 고생을 하고 있었습니다.

이것을 제자는 항상 이상하게 생각했습니다.

그 정도는 자기도 고칠 수 있는데, 도무지 스승은 왜 그 해소를 고치지 못할까, 그래서 한편으로는 스승을 낮게 보기도 했습니다.

어느 날 편작은 몇 달 예정으로 친구를 방문하기 위해 길을 떠났습니다.

그러자 제자는 이번 기회에 아버님의 해소를 고쳐 드리기로 마음먹었지요.

그래서 과연 자기 실력대로 아버님의 해소는 말끔히 고쳐졌습니다.

편작이 돌아오자마자 제자는 자기 실력을 과시하고 칭찬을 받으려고 그걸 자랑했지요.

근데 그 소리를 듣고는 편작이 대성통곡을 했답니다.

'네가 내 아버님을 죽였구나, 이제 얼마 살지 못하고 돌아가실 거다.' 하면서 과연 편작의 말대로 아버님은 몇 개월 후에 돌아가시고 말았답니다.

편작의 생각은 이러했지요.

그까짓 해소를 못 고쳐서 그러고 있었던 게 아니지요.

사람이란 그 정도 고통은 가지고 있어야 반대급부로 살아야 할 의지도 생긴다는 거지요.

그 정도 고통마저 사라지고 편안해지자 오히려 살아야 할 의지도 함께 사라져 쉽게 돌아가신 거지요.

윤택한 생활은 우리의 삶을 갉아 먹지요.

영국에 '올드파'라는 양주가 있습니다. 파 할아버지 술이란 말이겠지요.

이 할아버지는 시골에 살면서 소박하고 절제된 생활을 하면서도 140살까지 장수했습니다.

영국 왕실에서 이를 가상히 여기고, 왕궁으로 초대를 했답니다.

그리고는 왕궁에서 편안한 생활을 하게 하고, 맛있고 기름진 음식을 매일같이 몇 달을 대접했답니다.

그러자 파 할아버지는 몇 개월을 못 사시고 돌아가셨다네요.

사람들은 적당히 불편하고, 적당히 일하고, 적당히 고통 받고, 적당히 먹어야 건강하고 오래 사는 법입니다.

그런데 그렇게 생활해서 장수한 할아버지에게 그렇게 과잉친절을 베풀었으니 돌아가실 밖에요.

목표가 없는 삶은 무료합니다.

미국에 썬루프를 발명해서 떼돈을 번 부자가 있었지요.(이름은 잊었다)

가난한 이민자로 미국에 왔지만 기발한 발명으로 거부가 된 사람입니다.

어마어마한 저택을 소유하고 있었고, 대통령을 친구로 둔 사람입니다.

이런 사람이 자살을 했답니다. 미국인들은 충격을 받았답니다.

도대체 이런 사람이 왜 자살을 했는지 알 수가 없었지요.

그는 모두가 부러워할 정도로 큰돈을 벌었습니다.

부족함이 없이 모든 게 풍족했습니다.

친구가 대통령 선거에 나가자 적극 밀어주어 그렇게 되도록 도와주었습니다.

그래서 대통령을 친한 친구로 두어 권력이 부럽지 않았습니다.

그래서 자살했지요.

더 이상 이룰게 없었습니다. 살아야 할 목표를 이미 다 이루었기 때문에 더 이상 살아야 할 의미를 잃어버렸겠지요.

『꽃들에게 희망을』을 읽고

며칠 전 아침 인터넷으로 신문을 보다가 위의 제목을 보고 클릭을 했다. '어느 여고생의 죽음'이라는 다소 자극적인 제목에 눈길이 끌렸다. 예상대로 기사는 그리 즐겁지 않은 것이었다. 밤늦게 학원 공부를 마치고 귀가하던 중 타고 있던 승합차가 사고가 나는 바람에 목숨을 잃은 여고생에 관한 기사였다. 그 학생의 가방에 있던 하루 일과표를 보고 가슴 답답함을 지울 수가 없었다. 0교시 수업을 위해서 아침 6시 30분에 일어나 등교를 하고 학교 수업을 마치면 학원으로 가서 10시까지 수강을 하고 집으로 온다. 그리고 씻고 나서 복습을 마치면 새벽 2시 30분에 잠자리에 든다고 한다. 잠을 하루에 4시간 밖에 못 잔다.

이렇게 치열하게 살다가 허무하게도 사고로 목숨을 잃은 것이다. 이런 삶이 비단 이 아이뿐만 아닐 것이다. 현대를 살아가는 대한민국의 아이들 대부분이 이렇게 살아가고 있다. 어쩌면 태어나자마자 일류라는 멍에를 짊어지고 커가고 있는 게 아닐까. 스스로 선택하지 않았지만 사회가 만든 어긋난 질서 아래서 이 땅의 아이들은 병들어 가고 있다.

이런 어긋난 사회에 대해 깨달음을 주기 위해 '꽃들에게 희망을' 쓴 것이 분명하다. 알에서 깨어난 애벌레가 무료한 삶을 살다가 하늘을 떠받치고 있는 기둥을 발견했다. 그런데 사실 이것은 수많은 애벌레가 모여서 만든 기둥이었다. 그 많은 애벌레들은 구름으로 가려진 꼭대기에 무엇이 있는지도 모른 채 무작정 기어오르고 있다. 오르다 방해가 되는 다른 애벌레는 짓밟기도 하고 떠밀리기도 하면서 정상을 향해 올라간다. 그들은 서로 경쟁자일 뿐 누구 하나 뒤쳐지거나 떨어져도 관심을 가지지 않는다.

치열한 경쟁을 이기고 정상에 올라간 애벌레는 그곳에서 아무 것도 없다는데 실망을 한다. 정상에 올라온 다른 애벌레들도 이런 것을 알았지만 밑에서 오르고 있는 다른 애벌레들에게 이 사실을 알리지 않는다. 설사 알려준다고 하더라도 밑에 있는 애벌레들은 그 사실을 믿지 않을 것이기 때문이다. 이보다 더 충격적인 것은 정상에서 보니 이런 기둥들이 사방에 수천 개가 넘는다는 사실이다.

수많은 애벌레들이 허무한 경쟁을 하고 있을 때 어떤 애벌레는 미래에 대한 두려움에 맞서서 고치가 된다. 좁고 어두운 고치 안에서 참고 견뎌낸 애벌레는 화려한 나비로 다시 탄생한다. 나비는 애벌레들이 목숨 걸고 올라간 정상 주위를 우아하게 비행한다.

이 이야기는 어른들을 위한 우화이다. 우리가 사랑스럽다고 하면서도, 아이들을 삭막하게 경쟁하는 기둥의 정상에 올려놓으려고 안달이다. 아이들 스스로가 선택한 경쟁이 아니다. 그들 안에는 나비와 같은 아름다운 삶이 예정되어 있는 것이 분명하다. 그런데 어른들은 자신의 만족을 위해 아이들을 그 험한 경쟁의 꼭대기로 내밀고 있다.

아이들은 모두 천사다. 아이들은 때 묻지 않은 마음이 있고 아름다운 꿈을 꾸고 있다. 그들은 그것을 스스로 만들어 나갈 천성도 가지고 있다. 하지만 어른들은 조급해서 조금 뒤쳐지는 것을 참지 못한다. 그래서 남을 밟고 떠밀어내고 자꾸자꾸 꼭대기에 올라서야 한다고 강조한다. 하지만 정상에는 아무 것도 존재하지 않는다.

아이들에게 깨닫게 해 주어야 할 것은 정상에 오르는 방법이 아니다. 모두의 내면에 존재하고 있는 천성을 드러내어 하나같이 행복한 삶을 살 수 있게 해주는 것이다. 내 안의 나비를 찾을 때만이 그들은 진정 행복할 수 있을 것이다. 또한 꽃들에게 희망이 넘칠 것이다. 꽃은 바로 우리가 살아가는 공동체인 사회이기 때문이다.

피그말리온 효과

'버나드 쇼'의 희곡 제목이기도 한 '피그말리온'은, 거리에서 꽃 파는 여인을 귀부인처럼 대우하자 그 대접에 따라 진짜 귀부인이 되어간다는 내용이지. 이는 예전에 우리나라에서 인기가 좋았던, '줄리아 로버츠'와 '리처드 기어'가 주연한 영화 '귀여운 여인'과 같은 맥락이다.

피그말리온은 그리스 신화에 나오는 인물이다. 그는 키프로스라는 섬에 살았던 조각가이다. 그는 살아 있는 어떤 여자도 마음에 들지 않았다. 그래서 그는 자기 이상형을 조각하기로 마음먹었다. 그리하여 상아로 어여쁜 여자를 깎아 놓고 보니 너무나 마음에 들었다. 그래서 그는 그 조각상과 매일 이야기를 나누고, 함께 밥을 먹고 심지어 잠자리까지 같이 했다. 이를 보고 안타깝게 여기던 '아프로디테'는 그 조각을 실제 사람으로 만들어 준다.

이런 것을 불러 '피그말리온 효과'라고 한다. 사람들이 어떤 일을 강렬히 원할 때 실제 그대로 이루어질 때 '피그말리온 효과'라고 하지.

아이들을 교육 시킬 때 이점을 확실히 깨달아야 한다. 아이들에게 우선 가르쳐야 할 것은 지식의 주입이 아니다. 그 아이가 진정 무엇을 해야 할 것인지 우선 인식시켜 놓는다면 그 교육은 이미 절반이 완성된 것이다. 그러면 아이는 누가 강요하지 않아도 스스로 그 길을 찾아갈 것이기 때문이다.

또한 부모들도 이러해야 한다. 내 아이의 내면을 의심하지 않고,

강렬한 마음으로 대한다면 그에 따라 이루어질 것이다.

공부 잘하는 아이 부러워하지 마라. 나는 그런 애들을 많이 보아왔다. 전교에서 1, 2등 한다는 아이들이 암기는 잘 할지는 모르겠지만, 생각하는 데는 맹탕이다. 자신의 의견이나 생각을 주관적으로 말하지 못한다. 이들이 제일 잘하는 말은 '모르겠는데요.'다. 이런 것을 보아왔기 때문에 난 상민이가 수학 50점을 받아와도 자신이 있다. 이 아이들이 함께 성인이 되었을 때 누가 더 행복하게 살 것인지 확실히 알기 때문이지.

비슷한 예로 '로젠텔 효과'라는 게 있지. 하버드 대학교수였던 '로젠텔'이라는 사람이 한 가지 실험을 했다. 한 반의 아이들 가운데 무작위로 몇 명을 고른 다음 담임선생님에게 이 아이들은 지능이 아주 뛰어나다고 거짓말로 일러 주었다. 그랬더니 담임선생님이 그 아이들에게 특별히 다른 교육을 시키지 않았는데도 성적이 부쩍 향상되었다 한다.

그리고 쥐를 가지고 미로 찾기 실험을 했는데, 등에 '미로 잘 찾는 쥐'라고 쓴 쥐가 아무 것도 쓰지 않은 쥐보다 훨씬 미로를 잘 찾았다 한다.

이는 교사나 부모가 아이들에게 어떤 믿음을 가지고 대할 때에는 그 학습 효과가 월등하다는 것이지. 이런 것을 일러 '로젠텔 효과'라고 한다.

너는 아이들에 대해 믿음을 가져야 한다. 그 아이들의 미래가 위대하다는 믿음에 의심하지 말지어다. 우리는 잘 교육받았다는 사람들의 허상을 무수히 보아왔다. 그럼으로써 그들이 과연 진정 행복했는지 다시 한 번 살펴봄 직하다.

'박태영 전남도지사, 정몽헌 현대아산회장, 안상연 부산시장, 남상국 대우건설사장, 김인곤 광주대 이사장.'

부와 권력과 명예를 가져서 더 이상 바랄게 없었을 것 같던 이들은 모두 자살했다. 최고의 교육을 받았던 그들이 목숨을 버린 것은 무엇 때문일까. 그들은 모두 모래 위에 집을 지었던 것이다. 지식습득에는 성공했는지 모르겠지만, 인성교육은 실패한 거지. 무엇을 강렬히 원해서 얻었지만, 진짜 '소중한 삶'의 의미는 놓쳐 버렸기 때문일 것이다.

난 내 아이가 무엇이 되는지는 바라지 않는다. 그 아이들이 내 나이 때가 되어 진정 행복한 인생이란 걸 깨닫기만 한다면 더 이상 바랄게 없다.

삶과 죽음의 경계

5년 전 여름, 고향집 뒷산 텃밭에 모셔둔 증조할머니 산소를 이장해야 한다는 연락이 왔다. 어린 시절 좋기만 하던 추억이 있는 종골동에는 신작로가 포장되고, 논길이 반듯해지더니 급기야 마을 뒷산에 고속도로를 놓는다며 터널을 뚫는다. 덕분에 몇 십 년 따슨 햇볕

즐기며 들녘을 바라보던 우리 증조할머니도 텃밭에서 밀려나시게 되었다. 나야 서열로 따지면 한참 아래지만, 많은 자손들이 죄 바쁘다 하니 꼭 와야 한다는 작은아버님의 명령과도 같은 통보가 있었다.

고향에 가면서 묘한 기분이 들었다. 이장하는데 처음 가보게 되니까 별 생각이 다 들었다.

먼저 무덤을 파헤치면 흔히 공포영화에서 보던 그런 광경을 보게 될까?

아니면 조금 양호하다 하더라도 어릴 적 학생과학관에서 보았던 모조품 유골과 똑같은 걸 보게 될까? 반면에 얼굴은커녕 사진조차 본 일이 없는 증조할머니를 백골로나마 볼 수 있겠다는 설렘도 있었다. 비록 유골만 있더라도 그 유전 형질이 내게 이어졌으니, 내 일부가 거기 있는 것이라 생각하면 가볍게 여길 바는 아니었다.

이장하는 게 무슨 기술인가 싶었는데, 딴에 전문가랍시고 세 사람이 조를 맞춰서 분주하다. 이리 저리 가늠하고 땅 팔 때까지는 하는 품새가 그리 미덥지 않았다. 한데 파 내려가는 깊이가 점점 더해 갈수록 누런 황토만 비치는 것이 예상이 빗나가고 있었다. 그리고도 한참을 더 파 내려가 얼추 사람 한 길만큼 되었을까. 조장 노릇을 하던 아저씨가 '이거다' 하며 외쳤다.

시간이 예상보다 오래 걸리자 딴 짓거리를 하던 나는 그 말에 얼른 땅 속을 쳐다보았다.

근데 아무리 들여다보아도 무엇이 '이거'인지 알 수가 없었다. 누런 황토 위에 약간 거무스레한 것이 어른 손바닥만 하게 펼쳐져 있을 뿐이었다. 다시 강조를 하듯 아저씨는 이게 관 썩은 것이라며 큰 소리를 친다.

그러니까 그게 이런 뜻이었다. 시신은 물론 관도 모조리 썩어 없어지고, 그 흔적만 조금 남아 있다는 것이다. 우리가 생각을 해봐도 그 정도 깊이면 다 파내려 간 것 같았다. 그래서 그 검은흙을 유골의 일부로 인정을 하고 하얀 종이를 펼쳐 놓고 그 흙을 정성스레 퍼담았다. 그 양이라고 해봐야 어른 두 손바닥에 가득 담을 수 있을 정도였다.

그 포장된 종이를 조심스레 들고 이장할 장소로 갔다. 실제 관이 들어갈 정도로 넓고 깊게 파 놓은 자리에 달랑 그 흙을 고이 모셔놓고 메우고는 봉분을 만들었다. 조장 아저씨의 지시에 따라 이리저리 뗏장을 붙이고 그럴듯하게 모양을 만들었다. 작업이 다 끝나자 우리들은 술 한 잔 치고 그 흙덩이에 대고 절을 했다.

북경원인을 생각해 보면 그에 비해 불과 50년 세월에 육신이 이렇게 흔적도 없이 흙이 되었다는 게 믿기지 않았다. 환경조건에 따라 부패되는 정도가 다르다는 것은 상식으로 알고는 있었지만 그렇다고 해도 이건 좀 의외였다. 뭐, 풍수학에서는 잘 썩는 땅이 명당이라고 하던데, 그 복이 내게 이어졌을지도 모를 노릇이다.

나는 이 죽음을 목도하면서 내면세계가 한마디 자라는 것을 느꼈다. 증조할머니 이장을 하면서 '삶'과 '죽음'의 대립적인 개념이 결국은 하나라는 것을 깨달았다. 증조할머니의 살과 뼈가 땅에 녹아 그 양분으로 밭의 감자가 자라고 고추도 자랐을 것이다. 나는 또 그것을 먹고 피와 살을 찌워 왔다. 내 유전자의 일부가 당신으로부터 전해져 왔고, 다시 당신으로 말미암아 자랄 수 있었으니 결국 당신의 죽음은 내게 자양분으로 전이되어 삶이 되었고, 이것은 당신의 삶의 연장이 아닐까.

결국 삶과 죽음의 경계는 모호해진다.

어떤 교육자는 아이들에게 죽음을 가르쳐야 한다고 주장한다. 예전 우리가 농경사회일 때는 죽음을 자주 보고 자랐다. 할아버지, 할머니, 부모의 죽음도 겪어 왔다. 타인의 죽음을 목격한다는 것은 반면으로 삶이 얼마나 소중한지 알게 해준다. 요즘 아이들이 너무 쉽게 생을 버리는 것은 이런 죽음에 대한 성찰이 없기 때문이다. 정말 배워야 할 것들을 못 배우고 사는 세월이 안타깝다.

별을 보거라

꿈을 꾸고 싶다면 밤하늘을 바라보거라. 도시에서 밤하늘을 본다 한들 볼 것도 없겠지만, 그래도 가끔 밤하늘을 바라보아라. 맑은 밤하늘에서 별들이 옹알이 하는 것을 본 게 언제였니. 하얀 쪽배 흘러가는 은하수를 본 게 언젠지 너는 기억하니.

별이 가장 많을 때가 언제인지 너는 모르지. 그건 함박눈 그친 뒤 바라보는 겨울 밤하늘이다. 어린 시절, 선잠 깨어나 언 발로 마당 한

켠에 있는 두엄덩이에 오줌을 누다 바라본, 그때 밤하늘은 내 생에 가장 밝고 많은 별이 있는 하늘이었다. 난 별빛이 쏟아진다는 시를 그때 이해했다. 은하수가 흘러간다는 노래의 진실함도 그때야 믿었다. 그때는 카시오피아도, 북극성도, 전갈자리도 책에서 배운 것만으로도, 누가 가르쳐주지 않아도 쉽게 찾았었다.

사람들은 별을 바라보며 이야기를 지어낸다. 먼 우주를 가로지르는 떠돌이 혜성의 넋두리를 이야기한다. 우주에서 인간이 홀로 외롭지 않다는 걸 증명하려고 별을 향해 늘 귀를 쫑긋 세우고 있다. 만약 하늘에 별이 없었더라면 인간이 만들어낸 그 많은 이야기의 반은 없었을 거다. 양치기 소년이 밤하늘을 쳐다보다 지어낸 슬픈 신화도, 어린 딸에게, 엄마가 죽어 별이 되었다 하는 아버지의 거짓말도 아예 없었겠지. 고향 별 찾아가는 ET 영화에 감동할 일도 없었을 것이고, 별을 노래한 그 많은 시와 노래도 없었을 거다.

사람들은 별이 보이지 않는 것을 깨닫지 못한다. 닭장 같은 아파트가 사람들에게서 밤하늘을 뺏어갔기 때문이지. 손바닥만 한 아파트 창으로 보이는 밤하늘이야 밝은들 얼마나 밝겠냐 만은, 그나마 그 하늘도 쳐다보지 않는다. 그래서 사람들은 꿈을 잊고, 노래를 잊고, 시를 잊는다.

신은 인생의 맨 처음에 천사를 두셨는데, 어른들은 자꾸만 자기 틀로 죄어버린다. 꿈꾸지 못하게, 날지 못하게, 천사가 되지 못하게….

우리는, 아이들에게 밤하늘의 별을 돌려 주어야 한다.

교육의 목적(친구에게 보낸 편지)

별을 보아야 하는 것은, 단지 물리적인 현상을 이야기 하고 이해하라는 게 아니다.

별의 밝기 등급을 알고, 성간 거리를 외우고, 아기 우주의 탄생 비밀을 알기 위해서만은 아니다. 별은 우리의 상상력을 자극하는 꼬마전구와 같은 것이다. 별자리를 보고 지어낸 신화들에 나오는 수많은 신과 요정들의 이름을 줄줄 외는 것은 중요하지 않다. 그 많은 이야기들 속에 들어있는 인간 내면세계의 생성 과정을 이해하여야 한다.

이는 다른 사고 활동과 일맥상통한다. 소설과 시를 읽고 그 안에 함축되어 있는 인간 삶을 유추해 내듯이, 우리는 그것으로 '지적유희'를 일깨워야 한다. 또한 별을 보면서 우리는 미약한 존재임을 깨달아야 한다. 이 광대한 우주 안에서 물질적으로는 한 개인의 존재는 먼지처럼 미미하다. 그걸 깨달음으로서 삶을 결코 소홀히 하지 않을 수 있다. 그럼으로써 사람들은 타인을 진정 사랑할 수 있다. 인간이 반목하고 갈등하는 것은, 우리만이 존귀하다는 오만함에서 비롯되었다. 우리는 그 오만함을 벗어남으로써 인류는 지구상에서 모든 생명체와 더불어 살며 지속 가능한 문명을 이룰 수 있다.

너는 자식 교육의 목적에 대해 주관을 확립해야 한다. 우리 부모 세대들은 교육에 대한 확실한 주관이 있었다. 가난을 대물림하기 싫었고, 권력 앞에 초라했던 자신들이 싫었기 때문에 자식들은 그 전

철을 밟지 않길 바랐기에 모든 삶을 희생하며 자식들을 교육시켰다. 그러나 현실의 기준으로 본다면 결코 올바른 교육관이라고 보기는 어렵다. 그렇게 교육을 받은 우리들은 물질에 예속되어 진정 소중한 삶이 무엇인지 대부분 잊고 살아가고 있기 때문이다.

너는 삶의 진정한 목적에 대해서도 진지한 고민을 해야 한다. 이는 교육의 목적보다 우선한다. 어떠한 삶을 지향할 것인가 확립을 한다면 이는 모든 가치기준을 정립하는 지표가 될 것이기 때문이다.

너는 신념이 있다면 흔들리지 마라. 주위의 여론에 휩쓸리지 말고 네가 옳다고 생각한다면 결코 그에 좌우되지 마라. 그런데 이는 참 어려운 일이다.

난 우리 사회의 가장 큰 병폐는 아파트 문화라고 생각한다. 좁은 땅덩이에 많은 사람들이 모여 살다보니 내 의지와 개성에 따라 살아가는 게 너무 힘들기 때문이다. 남들보다 특별하면 이단으로 취급받기 십상이다.

난 이런 일을 많이 보아왔다. 아이들을 왜 미술 학원에 보내야 하는지, 왜 글쓰기 학원에 보내야 하는지, 그 목적에 대해 주관이 없다. 옆집 누가 그 학원에 다니기 때문에 보내고, 그 학원이 시설이 좋기 때문에 보내고, 선택 기준이 대개 이러하다.

너는 너의 아이들에 대해 과소평가하지 마라. 네 아이들의 내면에 존귀한 무엇이 없다고 단정하지 마라. 조각을 하는 사람들은 밖에서 그 모양을 깎아 나가는 게 아니다 하지. 그 안에 무엇이 있음을 알고 겉으로부터 제거해 나가는 것이지. 네 아이들에게도 무엇이 내제

되어 있음을 의심하지 마라. 너는 그것에 대해 확신을 가지고, 스스로 그것을 찾아가도록 이끌어주어라.

아인슈타인이 학교에서 학습미숙아로 취급할 때 결코 그것을 인정하지 않고 이끈 것은 바로 어머니였다. 이 아이는 학습 불능이라고 단정하고 가르치는 것을 포기했던 개인교사의 말에 좌절하지 않은 이도 어머니였다. 그 아이는 나중에 위대한 문호가 된 '하이네'였다.

네가 가르쳐야 할 것은 손쉬운 공부가 아니지. 우리 안에 있는 잠재하고 있는 불성을 깨닫듯이 아이 안에 있는 위대함을 찾아 주기 위해서는 수도승만큼의 노고가 따라야 한다.

녹색대학과 서울대 그리고 과거제도

교육의 중요성은 초등학교 시절부터 교과서에 밑줄 쳐가며 외워온 것이 있다. 우리나라의 가장 큰 자원은 인적 자원이며 국가 발전의 원동력은 교육열에 기인한다고 배웠다. 교과서에 나타난 모든 통계 자료와 각국의 교육 수준에 대한 그래프 자료를 보면 은근히 목에 힘이 들어갈 정도로 확연히 우리의 교육 수준은 높다. 어린 마음에 이 현상에 대해 더 깊게 추론을 해 본적이 있었다. 왜 우리나라 사람은 교육열이 높은 것일까? 하지만 높은 차원에 대해서는 더 이상 교과서에는 나타나 있지 않았다. 이런 교육열에 대한 역사적, 사회적 역학 관계는 학교를 다 마치고 사회생활을 거치고 인생의 환란 -결혼, 출산, 육아- 을 거의 겪었을 즈음에야 비로소 알게 되었다.

일찍이 태조 왕건이 고려를 건국하시고, 그 대통을 이어 받으신 4대 광종이 '과거제도'를 시행 하셨다. 고려 창건에 기여를 한 호족들의 세력이 커지자 이를 견제하기 위한 수단으로 과거제도를 시행했다고 배웠다. 이 과거제도의 정신이 오늘날 우리 민족의 교육열의 단초가 되었다. 로또 복권 구호처럼 인생역전의 기회가 과거제도에 있었다. 법적으로는 천민을 제외한 누구나 과거를 치를 수 있었고 합격만 한다면 말 그대로 인생 역전이다.

고려와 조선을 거쳐 천년 가까이 우리 민족정신에 인이 박힌 과거제도의 전통이 아직 시퍼렇게 살아 있으니 이는 바로 '서울대학병'이다. 살기 팍팍하다고 다 떠나 버린 시골에 별 호사도 없을 것 같은데 지방도로 다니다보면 유난히 눈에 띄는 현수막들이 있다. '축 OO고등학교 모군 서울대 합격' 이 학생이 어떤 사상과 지식과 인격이 있냐는 따위는 중요하지 않다. 이 학생이 나중에 어떤 인물이 되어 어떤 업적을 남기냐는 것 또한 중요하지 않다. 다만 이 시점에 서울대 합격한 것은 동네의 자랑이요 가문의 영광일 따름이다.

이제껏 개인적인 경험을 비추어보면 이는 확실히 프리미엄이 있다. 그만한 가치가 있으니 아직 그곳에 목매달고 있을 것이다. 대기업에 입사 원서를 내면 출신학교를 적는다. 일차적으로 지방대 출신이면 기각 -다리 아래(쓰레기통)로 버린다는 말- 이다. 남은 이 중에 서울대 출신은 몇 수 따고 들어간다. 행복이 성적순이 아니듯 업무 수행의 능력 또한 학벌에 따르지 않을 터인데 왜 우리 기업은 서울대를 선호할까?

쉽게 예를 들어본다. 굴지의 S그룹에 지방대 출신 A와 서울대 출신 B가 있다. 회사에서 두 사람에게 다급한 업무를 하달한다. 내일 당장 부도 위기에 몰려 있으니 은행에 가서 대출 상환을 연장하고 오라고 한다. 지방대 출신 A는 비빌 대가 없다. 말 그대로 맨땅에 머리 박기다. 하지만 서울대 출신 B는 성공 확률이 확연히 높다. 그 은행에도 서울대 출신 고위직 선배들이 줄줄이 자리 잡고 있을 것이기 때문이다. 업무 완수의 가능성은 B가 월등히 앞선다. 기업에서도 이런 사람과 이런 인맥을 선호할 수밖에 없다. 단지 은행만이 아니기 때문이다. 관이던 민이던 그들의 커넥션은 사회 전반에 걸쳐 거미줄처럼 엮여 있다.

우리 사회의 모든 병리적 현상의 밑바탕에는 서울대 지상주의 교육이 있다. 일인당 국민 소득이 만 불이 넘는 사람들이 삶이 팍팍한 이유도 교육이 잘못되고 있기 때문이다. 옳은 먹을거리를 먹지 못하는 까닭도 알고 보면 교육문제에 있기 때문이다. 소득에 비해 교육에 투자하는 비용이 기형적으로 높다. 반면에 가장 많이 투자하고도 그 효과가 가장 왜곡되는 부분 또한 교육이다. 국가에서는 막대한 세금을 교육에 쏟아 붓고 있는데도 개인은 이중 삼중으로 돈을 소모하고 있다.

전제주의 시대나 농경사회에서 내려오던 사고를 이제 변해야만 한다. 개인의 행복 척도가 더 이상 토지(자본, 나아가 물질)에 있지 않다는 것을 가르쳐야 한다. 기성세대의 물질적 가치 기준이 후대에 그대로 이어져 그들의 삶이 오늘날과 같다고 가정하면 국가의 앞날을 우려하지 않을 수 없다.

우리가 중산층을 판단하는 기준은 대개 물질에 따라 구분한다. 아파트가 몇 평이냐, 자가용 배기량이 얼마냐, 소비재 지출 정도가 얼마냐 따위로 계층을 나눈다. 하지만 어느 책에선가 본 영국의 중산층 기준은 우리와 판이하게 다르다. 한 달에 문화 활동 -영화, 연극, 오페라 감상- 을 얼마큼 하느냐. 손님을 초대했을 때 자기 집에서 전통적으로 대접하는 요리가 있느냐. 대개 문화적이고 정서적인 기준에 따라 판단을 하고 있다. 우리 또한 이들과 같은 사고를 할 때야 말로 소득 수준에 따른 선진국민 판단이 아니고 삶의 질에 따른 선진국민이 될 것이다.

이런 시대, 이런 시점에 녹색대학이 피어났다는 것은 시대적 소명이다. 학벌이 엄연하고 자격이 중하고 생업이 현실임에도 이런 교육을 받으려는 사람이 있다는 것은 희망이다. 이는 물질적인 판단에 따른 선택이 아니라 다분히 정신적인 가치 판단 기준이 있었을 것이다. 이들이 처음 녹대에서 보았던 것은 조감도에 나타난 멋진 건물과 기숙사가 아니었을 것이다.

현실은 냉정하고도 엄하다. 위에서 말한 이런 사회에 녹대 같은 학벌로 살아가기란 쉽지 않을 것이다. 이들은 선구자적인 삶이 필요할 것이다. 배움 또한 도 닦는 정신으로 해야 한다. '초암草庵'이라고 한다. 스님들이 산속에서 수행하기 위해서 풀로 엮은 암자를 그렇게 부른다. 훌륭한 전통은 오히려 각박한 현실에서 피어나기 쉽다. 깨달음을 얻는데 대웅전이 무슨 필요가 있을까. 널리 알려진 이념은 아직도 고귀하고 유효하다. 다시 그 경전을 되새겨 보아야 한다.

나는 처음 녹대에서 그러한 희망의 싹을 보았었다. 아직도 내 안에는 유효하다.

어떤 죽음

지난 해 말 인터넷으로 신문을 보다가 짧은 기사 하나를 보았다. 킴 픽(58)의 사망소식이었다. 19일 심장발작을 일으켜 솔트레이크시티의 한 병원에서 숨을 거두었다고 한다. 이 사람의 이름만 듣는다면 대개 고개를 갸웃할 정도로 낯설다. 하지만 '레인맨'을 이야기 하면 많은 이들은 명화의 반열에 올려놓을 정도로 감동을 주는 영화라는데 주저하지 않을 것이다. 킴 픽은 이 영화에서 자폐증이 있는 형의 역할을 했던 '더스틴 호프만'의 실제 모델이 되었던 사람이다. '더스틴 호프만'은 연기파 배우로 명성이 자자하지만 이 영화에선 쉽지 않은 자폐인의 역할을 완벽하게 소화해서 아카데미 남우주연상을 수상했다. 더스틴 호프만은 자폐증 연기를 위해 킴 픽을 여러 번 만났었고, 그의 비상한 재주에 감탄하고선 하늘이 내린 사람이라고 극찬했었다.

영화에서는 동생으로 나온 톰 크루즈가 형의 비상한 재주를 이용해서 큰돈을 버는 장면이 나온다. 도박장에서 수십 장의 카드를 딜러가 섞을 때 그 순서를 순식간에 몽땅 외어서 게임에서 크게 이기는 장면이 나온다. 영화를 본 사람들은 이 장면이 단순히 영화에서만 존재할 수 있는 상황이라 여길지 모르지만, 사실 이런 능력도 킴 픽에 비하면 그야말로 조족지혈이다.

킴 픽의 능력은 가히 컴퓨터를 능가할 정도로 대단한 암기력의 소유자다. 그의 기사를 마지막에 접한 게 대략 10년 전인데, 그 때 그는 이미 책 7,000권을 토씨 하나 안 틀리고 깡그리 외우고 있었으며, 미국과 캐나다의 모든 도시와 강 이름을 다 기억하고 있었다. 그리고 매일 도서관에 가서 미국 전역의 전화번호를 외우는 것이 취미였다. 그는 책을 읽으면서 다른 사람과 대화를 하거나 책을 거꾸로 들고 읽어도 다 외울 수 있었다. 또한 이 사람은 숫자에 대한 기억력도 탁월해서 백 년, 이백 년 뒤의 몇 월 몇 일이 무슨 요일인지 순식간에 정확하게 대답하곤 했다. 이 놀라운 능력에 대해 사람들이 궁금해서 물어 보니 그것을 계산하는 게 아니라 모든 달력이 머릿속에 그림처럼 저장되어 있다고 하니 상상하기 어렵다.

자폐아를 둔 부모들은 죽을 때까지 가슴이 까맣게 타들어 가면서 살아간다고 한다. 대개 자폐아들은 광폭하거나 혹은 한 가지 동작을 끊임없이 반복하기도 한다. 소설 '대지'의 작가 '펄 벅'의 딸이 자폐아였다. 펄 벅은 딸이 모래를 한 줌 쥐어서 모래시계처럼 떨어뜨렸다 다시 움켜쥐었다 하는 동작을 몇 시간 동안 반복하는 것을 보고 가슴이 타 들어갔다고 한 적이 있다. 그런데 이런 자폐아 가운데 한 가지에 탁월한 능력을 발휘하는 이들이 있다. 이런 천재적인 능력을 가진 자폐를 '서번트 증후군'이라고 한다. 킴 픽은 역사, 문학 등 15개 분야에서 천재성을 발휘한 '메가 서번트'라는 찬사를 들었다. 하지만 이런 대단한 천재성에도 불구하고 그는 혼자서 면도를 할 줄 몰랐다. 그리고 그는 혼자서 신발 끈도 맬 줄 몰랐다. 컴퓨터에 필적할 기억력에도 불구하고 일상생활은 혼자서 불가능할 정도였다. 그의 능력은 진짜 컴퓨터처럼 입력한 것은 단순히 출력할 수 있는 능력 밖에 없었다. 우리 인간의 가장 큰 능력인 입력된 여러 가지 정보로 다른 것을 추론해 낼 수 있는 능력은 전혀 없었던 것이다.

이것은 굉장히 중요한 사실이다. 우리가 미처 인식하지 못하지만 신발 끈 하나 매는 동작에도 엄청난 정보와 추론의 과정이 필요하다. 신발 끈 맬 수 있는 로봇을 만들기 위해서는 얼마나 복잡한 프로그램과 정보량이 필요할지 상상해 보면 알 수 있다.

사람이 살아가면서 진짜 필요한 교육이 무엇이냐를 킴 픽을 보면 알 수가 있다. 우리 아이들에게 필요한 교육은 컴퓨터처럼 정확한 기억력이 아니다. 주입된 정보를 가지고 얼마나 창의적인 사고를 하느냐가 진짜 중요한 교육이다. 우리는 수십 년간 일관되게 암기력이 우수한 아이들이 좋은 대학(?)을 갈 수 있는 기회를 주었다. 이런 왜곡된 교육의 병폐는 이삼십 년 뒤에 부메랑처럼 우리 뒤통수를 때릴 것이다.

오바마가 취임 내내 우리나라 교육을 칭찬하고 다닌다고 한다. 그런데 그 이면에는 엄청난 복선이 깔려 있을 수 있다. 그는 삼국지에 나오는 유비에 비견할 만하다. 자기가 원하는 걸 얻기 위해서 예를 중요하게 여기는 중국인들보다 더 머리를 깊이 숙여 인사한다. 우리가 그의 칭찬에 도취되어 현재의 교육제도가 우수하다고 착각한다면 앞날이 요원하다. 우리의 교육이 우수하다고 칭찬하는 미국이 60년대에 만든 비행기를 우리는 지금도 만들기 어려운 게 현실이다. 몰락하는 호랑이처럼 비웃고 있지만 그들의 창의적인 기술력은 감히 우리가 감히 넘보지 못할 것들이 넘쳐난다. 더욱이 우리가 더 무서워하고 경외해야 할 사실은 흑인을 대통령으로 뽑을 수 있는 합리적이며 창의적인 그들의 민주 역량일 것이다.

시

김 연 창

동화冬話(스콧 니어링의 삶을 생각하며)

나리분지 비탈진 어느 산골에 사진 한번 보지 못한 낭군님
만나러 아버지 삼베 저고리 뒤춤에 매어달려 멋모르고 따라온
아직도 소매 끝에 코 묻히던 기집아이 초례상이 웬 호사인가
막사발에 물 그득히 붓고 시퍼러니 날선 낫으로 시아버지는 요전
장날 읍 떠돌던 절름발이 小木 부럽지 않게 통통한 기러기 한 쌍
쓱싹 깎아 떡하니 올리고 쉬 부부 연 맺었더니 올해가 銀婚인지
金婚인지 헤어 볼 요량도 없었더랍니다

아들, 딸 합이 일곱 모두 둥지 떠난 바다제비처럼 날개 힘자라는
대로 뭍으로 떠나고 이제 첫 맹세처럼 파뿌리 된 머리 이 해
겨울눈은 지 성에 차지 않고 처마는 낮아 켜켜이 쌓이니 어디가
길인지 어디가 텃밭인지 눈가늠도 못하는데 늦가을 태풍 오던
점심나절 바람 거칠어도 저 아래 돌무지쯤에서 빨간 자전거
기어이 끌고라도 올라오던 우체부도 이 눈에는 차마 엄두도 못
내니 세상사 들은 게 언젠가 까마득하고 오는 이 가는 이 없어
재 넘어 봄부터 해소 심하던 박영감이 죽었는지 살았는지 알
길도 막막하였더랍니다

온 여름 가을 내 알곡도 팔고 무청 푸성귀 짧은 햇볕에 매매
말려 날다람쥐 겨울잠 준비하듯 너와집 곳간 사랑채 빈 곳
남기지 않고 빼곡히 재여 놓은 농익은 겨울 누렁이 황소
뻑뻑대는 암탉 수탉들 이게 어찌 짐승이냐 내 새끼들이지 알곡도
푸성귀도 나누어 먹고 들짐승 날짐승 감히 나다니지 못하는데
어린 고라니 한 마리 배 곪아 무시로 찾아드니 옜다 너도
산목숨이니 요기라도 하거라 애끼지 않고 거두며 겨우 눈 녹는
초봄까지 그렇게 살았더랍니다

밤이면 그게 밤인지 알 길도 없건만 어림으로 뚫어 놓은 마당 쯤
숨구멍으로 어느 별인지 툇마루로 내려앉으면 그제야 밤인지
알고 낮이면 그게 낮인지도 당연히 모르는데 한겨울 얇은 햇볕도
이 눈만큼은 파고들지 못하니 지난 초파일 십리 넘어 하나 있는
비구니뿐인 암자에 연등 달고 얻어온 부처님 축원 새긴 팔뚝만
한 흰 양초로 늙은 부부는 初夜처럼 매일 낮도 밝혔더랍니다

몇 십 년인지 세보지도 않은 세월을 돌밭이고 다랭이 논이고 가리지 않고 소되어 노새 되어 일군 논밭이 다 합해야 기껏 댓 마지기지만 그래도 이만하면 대통령 재벌 부럽지 않고 또한 눈은 깊어 세상 볼 사람도 없으니 무뚝뚝한 경상도 사내로 평생을 살아온 할배는 솔피죽처럼 갈라진 손으로 할매손 덥석 잡고 꽃답던 어린 처녀로 시집와 쪼글망탱이 된 늙은 여편네가 못 내 고마워 '수고했데이, 고맙데이' 더 이상 말치장 잇지를 못 하였더랍니다

아내는 부처다

일주일 내내 아내는 집 앞 텃밭을 일구었다
쇠스랑, 괭이만을 가지고 할매 주름살 같은 고랑
열 댓 개를 만들었다
양발로 비닐을 밟고 괭이로 흙을 끌어
그 긴 고랑에 멀칭을 혼자서 다했다

괭이질하고 고추모종 심으며 아내는 뭘 생각했을까?
안락했던 도시의 옛 생활을 그리워했을까?
아니지 태양초 100근 만들어 보험료 내겠다고
농담처럼 내뱉은 말이 현실이 다 된 것 같아
속으로는 즐거웁겠지

아내는 감자를 지 새끼처럼 생각한다
비닐 멀칭 안으로 감자순 뻗은 걸 털어 내며
'에고, 요놈 자슥'을 혼잣말로 연신 읊어댄다
지 발길 제대로 짚지 못하고 갓 돌 지나
비틀비틀 걸음마 하던 지 새끼 보듯 해서 고런 말 했겠지

20년 농사지었다는 엉터리 농부 아저씨는
말끝마다 '벼 이삭은 농부의 발걸음 소리를 듣고 자란다.' 한다
그런데 왜 맨날 트랙터만 몰고 다니나

2년 째 농사짓고 있는 내 아내는 그런 말할 줄 모른다
하지만 감자 싹도 고추모종도 죄다 지 새끼들이다
벙거지 모자 덮어쓰고 텃밭 고랑에 쪼그려 앉아
오늘도 내내 '에고, 요놈 자슥'을 연발하는
아내의 뒷모습에서 나는 문득 부처를 보았다

농심農心

밥그릇과 입 사이 거리는
한 자 반
그 사이를 오가는 숟가락 속도는
일 이 초
그 짧은 거리와 속도에도
밥 한 알이 추락한다
방바닥엔
방금 농장에서 묻어온 닭똥 입자
아이들이 털어낸 흙먼지
손가락 끝으로 그 밥알을
식탁 모서리에 붙인다
갑자기!
햇볕이 우는 소리가 들린다
땅이 우는 소리도 들린다
물과 바람이 통곡한다
다시 손가락 끝에 그 밥알 붙여서
입에 넣고 어금니로 지그시 누르니
그제야 까르르
우주가 웃는다

돈오頓悟

줄이 있어야 자라는 줄콩
매일같이 보고 있지만
자라는 모습은 볼 수 없다
오를 줄이 모자라면
하다못해 잡초라도 잡고 오른다
키 작은 자리공도 성에 찰 리 없다
그 필사의 몸짓을 따라가 보니
이놈은 오른쪽으로 감아 오른다
하! 이 놈 우파군

칡넝쿨은 몸집만큼이나
욕망도 강렬하다
소나무쯤은 꺽정이
아이 손목 비틀 듯 올라간다
콘크리트 전봇대는 턱도 없다
그 강렬한 몸짓을 따라가 보면
같은 넝쿨이라
같은 족속인줄 알았는데
이놈은 왼쪽으로 감아 오른다
하! 이놈은 좌파군

어느 날 문득
달은 향기 따라가 보았더니
우악스런 칡이 꽃을 피웠더군요
가을 막바지에 줄콩을 보았더니
자신을 천배나 복제해 놓았더군요
왼쪽과 오른쪽
혹은 붉거나 푸르거나
누구도 알지 못했답니다
그 모든 게 하늘이 임하셨단 것을

노부부의 눈에 별이 숨다

한 달에 두 번
도시를 탈출하여
산골을 찾는 노부부가 있다
스콧 니어링을 동경하지만
박사니, 최초니
화려한 이력은
도시에 옭아매는 강선 올무다
그럼에도,
산골 깊은 밤마다
부부는 아이처럼 별을 찾는다
이젠 손을 맞잡고
애정이 다분한 밀어를
나누기는 쑥스러울 나이지만
뒷짐 다소곳이 쥐고
몇 만 광년인지 모를 전설의 별에
함께 소점消點을 맞춘다
사십 년 전 미국 땅에서
사랑이 빛나던 황금 같은 시절에
함께 보았던 별이

지금,
몇 등성이나 낮게 보이는 건
이제 다촛점 렌즈 안경이
틀니처럼 필수품이 된 나이 때문인가
때론,
백두대간 자락이라는 이 산골마저
중국산 공해에 찌든 공기 탓도 해보지만
실은,
소나무, 멧돼지, 두견이 서껀…
심지어 귀신마저 잠든 이 깊은 밤에
누가 길 찾아든다고
밤새 켜 놓은 가로등 불빛이
별빛을 상쇄한 때문이다
젊은 날에 그랬던 것처럼
연인의 어깨를 살며시 잡고
가로등 불빛 범접치 못하는
산등성이로 어둠을 밟아
조심스레 올라서면
그제야!

몇 억 광년 별 네 개가
노부부의 눈에 숨어든다

* 노부부: 장회익(서울대 물리학과 교수, 녹색대학 총장, 공부도둑 저자)
모예정(이화여대 물리학과 교수, 우리나라 최초 여성 물리학 박사)

도라지꽃

땅속에 있는
나도,
이만큼 이쁘다고
대롱 끝에
별 하나 달아
띄웠다

보라 별……

새벽이슬
정화수 먹고
요만큼 자랐다고
그믐밤에
별 하나
사알짝 띄웠다

하얀 별……

살아 있는 나

똑똑
깨어 있나요
살며시 머리를 두드려 보아요
혹 삶에 지쳐
퍼덕이던 지성이 잠들지나 않았는지
똑똑
가슴을 두드려 보아요
긴 세월에 무심히 재여 놓았던
젊은 날의 꿈이 다시 깨어나게
두 팔을 한껏 펼쳐요
회색의 폐부 깊이 터질 듯 큰 호흡 한 번 하고
모듬발 총총 뛰어 하늘에 닿아 보세요
다시 손을 가슴에 품고
빙글빙글 춤추며 돌아보아요
새들이 비상하네요
들꽃이 피어나네요
푸른 하늘이 열린 가슴에 내려앉으면
깨어 있는 머리로
꿈꾸는 가슴으로

그들은 짙은 호흡으로 살아나
내가 된다
살아 있는 내가 된다

눈 뜨는 이의 아침

눈 뜨고 맞는 내일 아침에는 볼 수 있다
해는 동쪽 산자락에 어둠을 몰아내며 찬란히 떠오르고,
선잠 깨어난 작은 새들은 아침이 급하다
삐루 삐루 삐루루,
쯔 쭈루루루 쯧,
써꾹 써꾹 써석꾹
나름으로 노래를 부르는 산골의 새소리를
눈 뜨는 아침이면 들을 수 있다
아침 이슬은 토란 이파리에 구슬처럼 영롱하게 맺혀 있고,
밤새 움츠렸던 호박꽃잎은 따스 햇살에 수줍은 꽃대를 드러낸다
연보라, 남색 이름 붙이기 힘든 빛깔로 핀 산수국은
누가 돌보지 않아도, 오솔길 비탈에 탐스럽게 홀로 피어난다
제철 만난 밤꽃은 짙은 향내로 벌, 나비를 모으고
겨우내 가는 가지로 여위어 있던 은사시나무도
무성한 연두 잎으로 몸을 감싼다
옅은 구름사이로 어느 산골 자락을 비추는 햇볕이
광선처럼 선명한 이 아침을 눈 뜨고 볼 수 있다
짧은 여름이 급한 개구리 밤낮을 모르고 울어대는
마을 앞 다랭이 논엔 모들이 벌써 한 뼘은 더 자라있다

텃밭의 고추꽃마다엔 밤새 작은 결실을 매달아 놓은
하늘과 땅의 수고로움이 경건하고,
그 무른 땅 위를 맨발로 걸으면 발가락 사이로
젖은 흙이 밀려나오는 감촉이 사랑하는 이의
피부처럼 보드라운,
그 경이로움을 살아 깨어나는 내일이면 느낄 수 있다
새끼 고양이는 장독대 위에서 잠을 못 이겨 졸고 있고,
지 멋대로 풀어 놓은 강아지는 영역 표시에 달음질이 바쁘다
타닥타닥 굵은 장맛비가 양철 지붕을 때리고,
낙수는 앞마당 맨흙을 줄지어 흔적을 남기며 아래로 내닫는다
비 그친 하늘 끝자락엔 햇볕 감사히 받은 무지개가
이 산 저 산을 걸쳐 있고,
때 묻지 않은 산골 아이들 가슴엔, 그 끝에 맑은 샘이 있다
어제 죽은 이들이 영원히 맞지 못하는 이 아침
낮은 몸짓으로, 지상에서 가장 낮은 몸짓으로,
경배하며 맞아야 하는 살아 깨어나는 이들의 아침

길 위에 난 또 다른 길

처음에 그 길은 우리의 길이었어요
들녘도 산속도 우리가 지나가면 바로 길이었어요
젖은 풀잎을 헤치며 짝을 찾아가는 고라니의 길이었어요
가시덤불 마다하고 지치며 나가던 배암의 길이었어요
물웅덩이 이리저리 뛰어다니면 개구리의 길이었고,
청설모 이 나무 저 나무 내달리던
모두의 길이었어요
그 길 위에 낯선 길이 생겼어요
숨도 쉬지 않는 콘크리트 아스팔트가
무서운 두께로 우리 길을 덮었어요
원래 우리의 길을 가기 위해 그 길을 건너야 했고
어제 생명의 길이었던 그 길이 고난의 길이 되었어요
이제 우리의 운명은 검은 동그라미의 회전에
맡기어 졌어요
검은 길은, 회색의 길은
이제껏 경험치 못한 피할 수 없는 움직임에
맞서지 못한 더딘 진화입니다
속절없는 아픔으로 인간의 길 위에서
흙으로 돌아가지도 못한 슬픈 주검이 되었어요

옛적에는 땅에 묻힌 살이 발아하여
풀이 되고, 꽃이 되고, 열매가 되어
우리의 다음 우리가 되기에 결코 서럽지 않았었지요
하지만 오늘 길 위에 누인 몸뚱이는
눌리어 눌리어 가루가 되어, 한낱 먼지가 되어
윤회하지 못한 검은 울음으로 온 산에 번지고 있어요

눈

낯선 손님 반기지 않는
부잣집 동주물 대문
화살촉 끝마다
하트를 그렸습니다
겨울나무 을씨년스럽다고
벌거벗은 가지에
솜옷 한 겹 입혔습니다
부지런한 농부
사랑방에서 오순도순
정 나누며 좀 쉬어라고
발걸음 꼬옥 묶었습니다
네 것 내 것
금 긋고 살지 말라고
논두렁 밭두렁
경계를 지웠습니다
날 세워 가슴을 찌르지 말라고
둥글게
둥글게 살아가라고
세상 모든 예각銳角을
둔각鈍角으로 만들었습니다

틈

보도블록
사소한 틈 사이에
미약한 흙이 끼여 있다
그 안타깝도록 부족한 틈에
잡초라 천시 받는, 하지만
소중한 생명이 뿌리내리고 있다
틈은 공존할 기회다

빈틈없는 사람이 칭찬이다
하지만 틈이 없으면
타인의 인정은 어디에 자리 잡나
작지만
매우 사소하더라도
빈틈 있는 사람이 좋다
서로의 가슴에 뿌리내릴 틈은 두자
이런 세상
희망이라도 갖게

씨방을 터트리며

맑은 가을하늘 아래 땅
그 경계도 모호한 들판 가운데 서니
굳어버린 중력의 버거움이 빈 마음을 누르는데
왜 살아왔을까?
또 어떻게 살아가야 하나?
하늘은 맑은데,
탁
탁
빗소리가 들려 하늘을 보니 구름 한 점 없다
이 낯선 소리, 익숙지 않은 상황이 살아온 날들 같다
탁
타닥
귀 기울여 보니 한 두 방울 소리가 아니다
보이지 않는 걸 믿지 않은지 오래다
필시 환청이다
이제 그러한 나이만큼 살았다
잡초를 헤집어 보니
아하!
씨방을 터트리고 있다

그런 것을, 생의 마지막에
자기를 터트리는 고통이 있어야 함을
한 생 온힘을 써 부풀렸다 터트려야
멀리 날릴 수 있는 것을
또 다른 나, 그들이
이 땅에서 번영하기 위해
고통을 달게 여기며
터
진
다!

별 것 아닌 것

환경운동 한다는 그이
어느 날 산골 우리 집에 무작정 놀러 와서
점심밥 잘 먹고 툇마루에 앉아 놀다가
뜬금없이 평화가 뭐냐고 묻는다
'평화란 곧 행복에서 오는 것이고
행복이란 안정에서 오는 것이다
안정은 사회구성원 모두가 공동으로
짊어져야 하는 책임이다
그래서 공동체적 삶이 중요하다'
매달려야 했던 화두도 아니었고
그렇다고 문득 깨달음이 있었던 것도 아닌
그저 뭔가 고상하게 말해야 하지 않을까
하는 잡다한 언어였다
이 말에 그이는
'평화는 상호 존중에서 나온다'고 했다
내 말이나 그이 말이나
맞는 것 같기도, 아닌 것 같기도 한
애매하기 이를 데 없는 거북함이 일었다
그이가 가고 나서

툇마루 한 켠에 있는
도시에서 주워 온 등나무 흔들의자에 앉았다
두 발은 역시 주워 온 식탁용 의자에
포개어 흔들거리고 있는데
M16 가늠자 같은 엄지발가락 사이로
백운산 자락 넘어가는 지방도가 보인다
반나절 노동을 마감한 오후
소박한 점심으로 허기는 적당히 지웠고
지인이 잘 놀다 떠난 빈자리
아직 남겨진 화두
실눈 뜨고 건들거리다
입 꼬리가 올라간다
평화!
별 것 아닌 것

속물근성

성불이셨던가?
성철 스님 입적하시던 날
수천 장의 만장이 펄럭였다
한 장에 거는데
오십만 원 줬다는 매형
끝날 때까지 자기 거 못 찾았단다
佛心 부족한 나는
수천 곱하기 오십 만부터 헤아렸다

농자천하지대본인가?
함양군 모든 다리란 다리에
장당 천 원짜리 만장이 걸렸다
아니, 어쩜 전국의 다리에 걸렸을 거다
한미 FTA 결사반대
農心이 한참 부족한 나는
수백만의 마이너스 삶을
미처 헤아리지도 못했다

안골댁 할매

백전면 오매실 마을에 시집와
이제 칠십 너머 산 안골댁 할매
그 지난날 하늘이 무너져도
여태껏 살아야 했던 까닭은
올망졸망 아들 넷 때문이었으리라
농부의 아내가 되었다가
농부로 온 생을 살아야 했던
恨이 봉화산인 여자 삶

모내기 수십 년에 견딜 재간 있는가
여린 허리는 직각이 되고
김매기 또 수십 년 마디마디에
퇴락한 훈장처럼 고통이 머문다
침침한 눈에 자꾸 백태가 끼는 건
필시 눈병이 아닐 것이다
울어도 울어도 퍼 올리지 못한
모정의 눈물이 심장 깊은 곳에서
사리되어 발산되는 것이리

안골댁 할매 장날마다 읍 가는
걸음걸음에는 설움이 질척거린다
삼십년 전 새마을 만든다고
산골마다 시멘트 포장할 적에
젊은 과부에겐 굳은 신앙이던
장남은 경운기에 깔려
허리가 분질러졌다
그날 하늘을 받치던
큰 기둥이 함께 부러졌다

이번 장날에도 할매는
병원 쇼핑을 간다
쪼그라든 육신이
아프지 않은 데가 없다 하여
다니는 병원이라지만 그건
핑계이리라
시골 의사는
미처 심의心醫에 미치지 못하여
心中의 생채기는 알아주지 못한다

삼일 치 처방받는 약봉지는
바람 앞 촛불 같은 생을 이어주는
플라시보 효과다

이젠 천명이 다해
上帝님이 부를 것도 같지만
아직 거부해야 하는 까닭은
단 한가지리
부처님의 기적이면 어떠리
예수님의 기적이면 어떠리
우리 장남
갓 돌 지난 아이처럼 걸어도 좋으니
그거 보면 오늘 당장 죽어도 좋다 한다

원초적 시론

덩이!
천년도 누워있을 그들만의 파라다이스
하느님이 만드신 첫째 날 빛마저도
격리할 수 없는 견고함
밤과 낮의 나뉨이 전무하고
터와 터의 경계도 짓지 않고
다시 천년이 평화로울 수 있는
공존의 지대
짓누르는 중력이 버거워도
몸뚱이 하나 누일 수 있다면
번뇌도 없고 고뇌도 있을 리 없는
해탈한 석가들
욕망이라곤 그저
존재하기 위한 소박한 밥상과
종족 보존과 진화를 위한
사소한 성욕에 더불어
꼼지락거릴 수 있는 자유뿐
누가 간섭하지 않았음
또 다시 천년도 평화로울

치고, 박고, 소멸도 없는
태초부터 신이 부여한 자리
돌덩이를 들춰보면
지렁이 쥐며느리 노린재가 함께
시를 쓰고 있다

1. 봄, 땅의 주인

간 적이 없으니 온다는 말도 하지 말자
희망은 떠난 적이 없으니 간 것도 아니었다
내재內在된 정의가 시련을 피해 숨을 죽였다
시베리아 찬바람에 한 때 절망이라 판단하기도 했다
모두가 잠행潛行하는 이 땅에서 잠시 일어서지 못할
앉은뱅이 신세였다
하나, 우리의 원아源我는 잠재되었다
뿌리를 딛고 일어설 용기가 부족했다
이 빈약한 햇볕아래 분연히 일어설 완력도 없었다
간 적 없던 그는 우리의 발아래서 깊게 잠복했었다
지축이 스스로 바로 서면
북방 오랑캐 말발굽 소리와 함께
봄, 봄이 일어선다
이 계절이 어찌하여 그들만의 것이었나
사람의 땅을 꽃이 점령할 때
갑오년 동학의 죽창처럼 푸르디 푸른
풀이 선다
잡이라 성을 붙인 풀이
결국 이 땅의 주인이 되었다
봄과 더불어

2. 봄, 생존

봄꽃은 잎보다 먼저 꽃을 피운다
찬바람에 맞선 두터운 갑피가 다 닳으면
일찍 일어서야 산다
남보다 일찍 일어나야 벌을 모을 수 있다
홍등가 계집처럼 도덕과 자존심을 버렸다
단지 사흘간의 황후皇后가 되기 위해서
나머지 나날은 버렸다
원색으로 치장한 몸을 부끄러워하지 않는다
가랑이를 한껏 벌려 치부를 드러낸다
발기한 소음순 오르가즘의 끝은 허무다
잎이 밀어낸 자리 화려한 영광은 이내 짓밟힌다
꽃이 일어섰던 땅에서
꽃에 열광하던 사람들의 발에 으스러진다

아하! 그럼 어떠랴
결국 이 땅의 승자는 우리니
사람들이 눈길 돌린 나머지 나날에
햇볕과 공기와 땅의 자양분을 모아
이 땅에 굳건히 뿌리내리고 천년도 살 것이니

너흰 백년도 못 사는 게 성질만 급하다
사람들아 이 봄마다
눈물겨운 속살을 즐겨라
그래도 우린 간다

비와 소년

삭은 바람은 은밀한 습기 터질 듯 품고
토담집 댓돌아래 맨 흙바닥엔
팔월의 태양에 지친 누렁이
엎디어 게으름 피운다

또닥또닥 시련을 걷어내는 낯익은 조짐
설핏 피어나는 흙먼지 내음
따가운 땡볕아래 검게 탄
아이들 등짝에는 즐거운 간지럼

머얼리 산허리 빗장 풀며
다가오는 소낙비는 어설픈 잰걸음
뛰다 돌아보고 또 뛰다
한 숨 골라도 내 뜀박질보다
느린 놈이다

황서말개 뽕나무밭
아스라한 들판까지 모두 삼킬 즈음
장롱 깊이 개어둔 얇은 이불을

서둘러 찾아 이미 차가워진
낡은 마루 위에 덮고 누우면
천둥벌거숭이 촌놈에겐
알싸한 호강거리

자라목한 이불 속
깔깔한 감촉에 야릇한 소름이
팔뚝부터 돋는 건 한 여름 맛보는
겨울나기 소꿉놀이

❖ 추천의 글 ❖

녹색의 꿈과 삶이 키운 미지의 아름다운 성장

여 태 전(태봉고등학교 교장)

"더듬더듬 느릿느릿 멈칫멈칫"

미지를 만났을 때 첫인상입니다. 말도 조심조심 천천히 했고 몸집이 커서 행동도 느릿느릿했습니다. 그래도 눈동자는 지리산 계곡 맑은 물처럼 참 맑고 예뻤습니다.

그로부터 3년이 쏜살같이 났네요. 지내놓고 보니 쏜살같지만, 사실은 그 사이에 참 많은 일들이 있었습니다. 미지는 공립 대안학교의 첫 입학생으로서 치러야할 크고 작은 혼돈과 고통들을 모두 껴안고 여기까지 왔습니다. 때로는 웃고 기뻐하면서, 때로는 흔들리고 흐느껴 울면서 이곳 태봉마을에서 3년을 보냈습니다.

이번에 미지가 준비한 졸업 문집을 찬찬히 살피면서 또 한 번 놀랐습니다. 그동안 학교소식지를 통해서 미지의 글을 간간이 읽어왔지만, 이렇게 한 권의 책으로 묶어낼 만큼 꾸준히 글쓰기를 해왔는지는 몰랐습니다. 초등학교 때부터 최근까지, 그야말로 미지의 '10대 성장기'를 한 눈에 볼 수 있었습니다.

"아! 한 아이가 이렇게 흔들리면서, 이렇게 곱고 아름답게 성장하는구나!"

미지의 글을 읽고 배운 짧은 소감입니다. 미지의 글을 따라 읽으면서 저도 지난 3년을 함께 되돌아 볼 수 있어서 행복했습니다. 미지가 1학년 때 다소 비만했던 몸을 아름답게 가꾸기 위해 스스로 다이어트계획을 세우고 철저히 노력하는 모습을 옆에서 매일같이 지켜보면서 저는 이렇게 생각한 적이 있습니다.

"야, 요놈! 보통 의지가 강한 애가 아닌데…. 스스로에게 저렇게 엄격하다니, 뭐가 되도 될 놈이구나. 정말 속 깊고 야무진 친구로구나!"

그랬습니다. 미지는 자기 관리가 철저한 학생이었습니다. 스스로 삶을 기획하고 실천할 수 있는 능력을 잘 키워온 친구입니다. 요즘 저는 아름다운 청춘으로 부쩍 성장한 미지를 볼 때마다 가슴이 벅차도록 기쁩니다. 참으로 대견하고 자랑스럽습니다.

"생글생글 초롱초롱 반짝반짝"

요즘 제가 미지를 떠올리는 이미지입니다. 정말 몸도 마음도 야물고 탄탄하게 성장했습니다. 어쩌면 태봉고는 미지를 위해 준비된 학교가 아니었을까 생각해봅니다. 우리 학교는 유연하고 탄력적인 교육과정을 운영하기 때문에 미지에게 교내 독서동아리 활동과 국내외

여행의 기회를 여러 번 줄 수 있었습니다. 미지는 3년 동안 그런 기회를 최대한 활용하였습니다. 그래요. '독서와 여행'은 미지의 10대를 더욱 아름답게 수놓았습니다.

그런데 사실, 미지의 아름다운 성장을 도운 자양분은 그 무엇보다도 미지 아버지, 어머니가 가꾸어 오신 '녹색의 꿈과 삶'이었다고 믿습니다. '아이의 교육' 때문에 농촌을 떠난다는 요즘의 세태에서 미지 부모님은 일찌부터 바로 그 '아이의 교육' 때문에 오히려 도시를 떠나 농촌으로 들어갔다고 말합니다. 이런 결단과 결심만 보아도 미지 부모님은 정말 예사롭지 않은 분들입니다. 성장을 멈춰버린 '꼰대'가 아니라 끊임없이 스스로의 삶의 성찰하고 실천하는 참 훌륭한 '어른'이지요. 삶이 곧 교육이고, 생활이 곧 교육이라고 한다면 미지 부모님은 참으로 탁월한 교육자임에 틀림없습니다. 제가 진심으로 존경하고 사랑하는 아름다운 벗입니다.

이제 고등학교를 졸업하면서 엮어내는 이 소박한 문집이 발판이 되어 미지는 앞으로 더 크게, 더 아름답게 성장할 것임을 믿습니다. 10년 뒤, 또는 20년 뒤 미지가 어떤 모습으로 제 앞에 나타날지 상상해보면 가슴이 설렙니다. 언제 어디서 어떻게 살아도 미지의 꿈과 삶은 성장을 멈추지 않을 것임을 믿습니다.

미지의 그 아름다운 성장을 위해 축복하고 또 축복합니다.

고맙습니다.

2013. 12. 14.

태봉고등학교에서 여 태 전 두손 모음

추천의 글

박 중 기(함양군 백전면 주민)

김연창과 김미지, 그들은 부녀지간입니다. 저는 그들을 십 년간 지켜보았습니다.

미지가 인도여행을 하겠다고 했을 때, 저는 너무 이른 것 아니냐고 말했습니다. 그리고 그곳은 그 나이엔 너무 위험한 곳이라고 조언 했지요. 그런데 미지는 다녀와서 '나에겐 전혀 불편하지 않고, 위험한 곳도 아니었어.' 하고 말합니다. 제 머릿속은 대한민국 평균적 아이를 염두에 둔, 대한민국 평균적 아비로서 했던 말이었습니다. 미지를 과소평가 했던 것이지요.

미지는 부모님에게, 특히 아버지 김연창에게 많은 영향을 받은 아이입니다.

생태적 삶에 대한 확신, 시적詩的 소양, 문학적 기질, 삶에 대한 전반적 가치관 등에서 말입니다.

'감자 이야기'의 단락에서 '늦은 봄 마을 이장님께 감자 씨를 받아 두더지 몫까지 참 많이 심었어.' 하는 글은, 조그만 농사 흉내를 내고 있는 저까지 마음이 따뜻해지며 싱긋 웃게 합니다.

아직까진 자신이 경험한 일련의 여행길 단상을 단정적으로 정의하기는 설익은 나이지만, 미지처럼 많이 쓰는 글은 차차 균형 잡히고 전달력 좋은 글이 엄청 나올 거라고 확신합니다.

또 미지의 글쓰기 작업이 자신의 주체적 주관형성에도 두 말 할 것 없이 도움이 되겠지요.

김연창은 전형적인 경상도 사내입니다. 그렇지만 밭일에 몰두한 '아내의 뒷모습에서 나는 문득 부처를 보았다.'는 사내이기도 합니다.

김연창의 본문에는 이런 글귀가 있지요.

'내가 시골 산골에 들어와 산다고 할 때 가장 많이 받는 질문 가운데 하나가 아이들 교육이 문제가 아니냐는 것이다. 대답은 늘 사실 그 문제 때문에 시골로 들어 왔다는 것이다.'

그의 주관은, 삶에 대한 통찰은 뚜렷합니다.

또 이런 글귀도 있더군요.

'너는 너의 아이들에 대해 과소평가 하지마라. 네 아이들의 내면에 존귀한 무엇이 없다고 단정하지 마라.'

유달리 두 아이들에게 사랑이 넘치는 김연창 부부입니다. 그렇지만 그들은 사랑하는 두 아이를 대안학교에 보냅니다. 그들의 유별난 자식 사랑이 그런 선택을 하게 했다고 저는 믿고 있습니다.

바닥에 떨어진 한 알의 밥알이 입에 넣기 께름칙해 밥상 귀퉁이에 붙였다가, 햇볕과, 물과 바람, 땅이 우는 소리를 듣고 그 밥알을 다시 떼어 입에 넣고 어금니로 지그시 누르니 '그제야 까르르 우주가 웃는다.'는 김연창의 수록 시詩 '농심'에서 그의 진가를 봅니다.

김연창과 김미지, 그들은 세상이 부러워 할 부녀지간입니다.

추천의 글

장 회 익(전 서울대 물리학과 교수/
전 녹색대학총장/ 공부도둑저자)

보내주신 글 잘 보았습니다.

두 사람의 글이 참 좋습니다.

특히 미지의 글은 고등학생답지 않게 아주 성숙합니다.

머릿속에는 늘 어린 초등학생 모습만 떠올렸는데, 역시 대안 교육의 효과가 큰 것 같군요.

더구나 학교나 사회에 의존하지 않고 자기 스스로의 삶을 살아가겠다고 하는 의지 아주 돋보입니다.

진정으로 성원을 보내고 싶습니다.

앞으로 있을 더 많은 발전을 기대해보겠습니다.

부인과 그리고 가족 전체에 건강과 기쁨만이 있기를 기원하며,

장 회 익 드림.

제왕나비를 아십니까?

인쇄 2012년 12월 18일
발행 2012년 12월 24일

지은이 / 김미지 • 김연창
펴낸이 / 김 창 석
펴낸곳 / 홍 익 출 판 사

주소 / 대구시 중구 삼덕3가 245-2
전화 / 053) 421-6700, 427-3627
팩스 / 053) 423-5965
등록번호 / 1987년 11월 26일 제1-107호
E-mail / hongick88@hanmail.net

정가 12,000원

ISBN 978-89-7826-245-3 03810